L'HOMME QUI NE VOULAIT PAS ÊTRE PRÉSIDENT

VÉRONIQUE JACQUIER

L'HOMME QUI NE VOULAIT PAS ÊTRE PRÉSIDENT

L'ARTILLEUR

ISBN 978-2-81000-879-7

16 rue Vézelay – 75008 Paris

www.lartilleur.fr

À Octave

Introduction

11 avril 2017. 9 h. Emmanuel Macron quitte le plateau de *Territoire d'Infos* sur Public Sénat et Sud Radio. Jean-Luc Mélenchon et François Fillon en ont pris pour leur grade. Le premier incarnerait le communisme d'il y a 40 ans. Le second n'a plus aucune valeur morale pour être président de la République. Pendant le direct, alors que je l'interroge, Emmanuel Macron souligne la phrase qui sonne comme une capitulation dans la bouche de François Fillon : « Je ne vous demande pas de m'aimer mais de me soutenir ». « Bien sûr qu'il faut aimer celui qu'on choisit pour être président de la République ! Il faut qu'il soit aimable et qu'il fasse rêver ! » dit le candidat d'En Marche. En coulisse après l'interview, Emmanuel Macron ne décolère pas contre François Fillon et la grenade dégoupillée qu'il a fait paraître dans *Le Figaro* ce matin-là. Un mot manuscrit signé Emmanuel Macron envoyé à François Fillon en février 2016. Les deux hommes

sont contre le vote sur la déchéance de nationalité et François Fillon lui aurait posé la question : « Vous me rejoignez sur mes positions... Jusqu'où irez-vous ? » Emmanuel Macron lui répond : « En fait j'y suis déjà sans doute... Je poursuivrai ce chemin... Voyons nous ». Sur le plateau de télévision, Emmanuel Macron fustige la méthode Fillon qui consiste à donner des documents à la presse. Mais en off, il est estomaqué par la conduite de l'homme Fillon. « Je n'aurais jamais cru qu'il soit capable de cela. Surtout quand on connait la courtoisie dont il est capable ! J'ai eu des échanges courtois avec lui. Ce qu'il fait n'est pas joli. Alain Juppé n'aurait jamais été capable de cela. » Se pose-t-il des questions sur l'homme Fillon ? « Ah oui ! Il y a un problème chez lui ! J'ai étudié son comportement. Dès qu'il est en difficulté, il ressort la théorie du complot ! La présidence de l'UMP volée par Jean-François Copé : il y avait complot. Aller voir Jean-Pierre Jouyet[1] pour lui demander d'accélérer les poursuites contre Nicolas Sarkozy ; quand l'affaire est sortie, c'était un complot ! Mais François Fillon a perdu son procès en diffamation contre Jean-Pierre Jouyet ! Et ça évidemment il n'en parle pas ». Et Emmanuel Macron d'ajouter dans un sourire : « je sais beaucoup de choses sur François Fillon car on a un ami commun : François Sureau.[2] De toute façon

1. Ancien secrétaire général de l'Élysée de 2014 à 2017.
2. Avocat et écrivain français.

il y a un avant et un après Trocadéro. On y a vu une droite « décapsulée » au Trocadéro. Ça a fait peur à beaucoup de gens qui voulaient voter pour François Fillon. On ne gagne pas la présidentielle soutenu par la seule France catholique ! D'ailleurs cela est passé inaperçu mais dans l'un de ses derniers discours François Fillon a parlé de remords quant à son comportement. Je me servirai de « ses remords » dans mon prochain meeting. Les catholiques comprennent la notion de remords mais le mal est fait ». Dans son regard, le candidat d'En Marche se régale d'avoir déjà eu la peau de François Fillon… Mais « il s'est flingué tout seul » ajoute-t-il… Je lui demande s'il pense que le maire de Nice Christian Estrosi le soutiendra au soir du premier tour s'il est au second… « Bien sûr. Il me l'a fait comprendre… Pas de carabistouille électorale pour les législatives mais au soir du premier tour la moitié des élus Républicains viendront à moi, l'autre restera dans le déni… » Voilà Emmanuel Macron déjà en haut de l'affiche élyséenne avec la peau de l'ours Fillon à ses pieds. Je glisse alors à Emmanuel Macron qu'il dînait l'avant-veille dans un restaurant de Montparnasse, La Rotonde, avec François Bayrou. « Comment vous savez cela vous ? Oui c'est vrai. Nous dînons souvent ensemble. Ce n'était pas facile pour François Bayrou de venir à moi. Ça se passe très bien entre nous ». Et Jean-Louis Borloo ? « Compliqué Borloo. Très compliqué ». Emmanuel Macron n'en dira pas plus. Mais il se lance dans une tirade sur le romanesque en politique, pour s'inscrire en contrepoint de François Fillon qui ne fait plus rêver. « J'espère apporter ce romanesque ! Les Français se moquent de nos chicayas. Il faut leur expliquer où on veut les emmener même s'il y a une grande défiance. En fait je suis comme François Mitterrand. Je ne suis pas obsédé par la politique. François Mitterrand avait mis de la distance avec la littérature. Moi j'ai d'autres passions que la politique et heureusement ! François Hollande et Nicolas Sarkozy sont pareils. La politique est leur unique passion. Alors quand ils arrivent à l'Élysée, ils s'ennuient puisqu'ils ont atteint le but ultime de la conquête. » « Alors vous n'aimez pas la politique ? » lui dis-je. « J'aime surtout les Français et je veux faire quelque chose pour la France. Une saine distance est salutaire avec la politique. » Enfin un point commun avec François Fillon qui a pris soin durant ses presque quarante ans de vie d'élu de ne jamais se laisser dévorer par la charge au service du pays.

Dans cet échange avec Emmanuel Macron, tout est résumé du mystère François Fillon à deux semaines du premier tour de l'élection présidentielle. La théorie du complot médiatique, politique, judiciaire toujours lancinante. La revendication de la non-séduction en politique pour tenir un discours de vérité pour la France. Le Trocadéro ou le chant du cygne. La solitude du candidat quand celui d'En Marche a déjà tendu la main à François Bayrou et fait des clins d'œil appuyés à Jean-Louis Borloo. Si Emmanuel Macron revendique le romanesque en politique, François Fillon cultive le romanesque dans sa vie, loin de la politique. Nous ne pouvons rien comprendre de la campagne présidentielle de 2017 et de la façon dont François Fillon a géré tous les événements sans comprendre ses ressorts psychologiques.

J'ai été filloniste. En tant que journaliste, l'homme qui perçait sous le politique m'a toujours intriguée. Peut-on prendre un soin inouï à dissimuler ce que l'on est quand on veut écrire une histoire avec les Français ? J'ai suivi la campagne de Nicolas Sarkozy en 2012 et l'élection pour la présidence de l'UMP pour RMC. J'ai observé la primaire de la droite en réalisant chaque matin une interview politique pour Sud Radio et Public Sénat. J'ai voulu m'inscrire dans le temps long pour mener une enquête approfondie sur François Fillon. J'ai interrogé certains de ses amis proches, ceux qui le fréquentent encore, ceux qui ne le voient plus, ceux qui le regrettent, et ses meilleurs ennemis. La campagne présidentielle a laissé de profondes blessures. Car chez les soutiens de François Fillon comme chez ses adversaires, tous font le constat que le candidat, quitte à mourir, a voulu détruire la droite avec lui.

Que reste-t-il du bruit assourdissant de cette campagne ? La vérité se cache dans les silences de François Fillon. Que disent-ils de cet homme ? A-t-il été victime de complots ourdis tour à tour par les journalistes, les juges, un cabinet noir à l'Élysée ? Le temps a passé. L'eau devient claire et calme comme après l'orage. Mais de gros cailloux troublent son reflet. Les emplois et les salaires de Penelope, les salaires de ses enfants, l'imbroglio de ses costumes ! L'enquête des policiers de l'Office central de lutte contre les infractions financières et fiscales s'est terminée en juin 2018. Catastrophe ! En octobre, Marc Ladreit de Lacharrière[1] plaide coupable donc reconnait les faits qui lui sont reprochés auprès du parquet national financier. Sa position fragilise la défense de François Fillon et de son épouse Penelope. Cela n'augure rien de bon en cas de procès.

Les écarts de conduite de l'homme politique sont-ils suffisants pour tuer le candidat ou y a-t-il eu une exécution avec la mise en examen ? J'ai voulu répondre aux questions qui n'ont pas encore été résolues et le problème n'est pas tant de savoir « qui a tué François Fillon » que d'expliquer « ce qui a tué François Fillon ». Au-delà, au fil de l'enquête, apparaît la question centrale qui éclaire le candidat et explique sa chute : s'est-il donné tous les moyens pour devenir Président de la République ? Et surtout voulait-il vraiment l'être ? Quels sont les ressorts profonds qui animaient son ambition ?

---

1. Homme d'affaires proche de François Fillon, propriétaire de la *Revue des Deux Mondes*. Il a salarié Penelope Fillon entre mai 2012 et décembre 2013 pour un salaire net de 3 900 euros par mois. Il a été mis en examen en avril 2017 pour abus de biens sociaux. Il est soupçonné d'avoir donné un emploi de complaisance à Penelope Fillon. En acceptant le plaider-coupable il reconnait la véracité des charges qui pèsent contre lui.

François Fillon a coupé net avec la politique. Le lien n'était pas ombilical. Et si sa vie avait toujours été ailleurs ? A-t-il menti aux Français qui ont voté pour lui ? Le candidat a quand même obtenu 20 % des voix au premier tour de l'élection présidentielle, malgré les affaires qui rendaient sa campagne inaudible. Plus que Jacques Chirac à 18 % au premier tour en 1995 et en 2002 ! Pour beaucoup, François Fillon est déjà tombé dans l'oubli. Pour d'autres, et pour tous ceux qui ont voté pour lui, une exigence de vérité s'impose.

La cassure

Renvoyé par Chirac

« Quand on fera le bilan de Chirac, on ne se souviendra de rien sauf de mes réformes. » Les mots sont présomptueux ! Confiés au journal *Le Monde* sous une colère froide. François Fillon ne digère pas son éviction du gouvernement le 2 juin 2005. Ce jour-là il voit passer à la télévision tous les potentiels ministrables. Il appelle Philippe Bas, alors secrétaire général de l'Élysée. Il a besoin d'être rassuré, de savoir qu'il fait partie du casting. Philippe Bas le conforte. Il a mené la réforme des retraites en tant que ministre des Affaires sociales entre 2002 et 2004. Il a lancé le chantier de la modernisation de l'école en tant que ministre de l'Éducation nationale. Impossible de se passer de lui ! Mais Jacques Chirac l'appelle : « Le Premier Ministre vient de me remettre la liste du gouvernement. Il n'y a pas de place pour toi. Tu as besoin de quelque chose ? » « Non » rétorque très sec François Fillon. Puis Dominique de Villepin se manifeste par téléphone. L'échange sera glacial.

Alors pour la première fois de sa vie, François Fillon s'émancipe, n'avance plus masqué, tape du poing sur la table. Il ne supporte pas que l'on ne reconnaisse pas sa valeur. « En me virant du gouvernement, ils ont fait de moi un directeur de campagne avant l'heure » dit-il. « Je vais m'investir à fond dans l'UMP et préparer les échéances futures pour Nicolas Sarkozy ». L'homme crie aux membres de son cabinet : « On s'en va ! » Réaction épidermique : il fuit aussitôt Paris et les murs du ministère de l'Éducation nationale pour se réfugier dans son manoir de Beaucé dans la Sarthe.

François Fillon est entré dans des habits de ministre comme on entre en religion. Il pense que c'est pour la vie ! Il est animé d'une sincère volonté de réformer le pays mais son caractère ondoyant et orgueilleux suscite la méfiance. Jacques Chirac l'appelait « la mauvaise bête » me confie un ancien ministre. « Ce n'était effectivement pas le genre de beauté de Jacques Chirac » me dit Philippe Bas[1], aujourd'hui sénateur de la Manche et Président de la commission des Lois au Sénat. « Je n'ai jamais entendu le président en dire du mal mais il n'avait pas aimé que le jeune Fillon le toise quand il était président de la commission de la défense à l'Assemblée nationale. C'est pour cette raison que Jacques Chirac ne lui a jamais donné le ministère de la Défense dont il rêvait. Le président pensait de toute façon : "Le chef

1. Entretien avec l'auteur, 25 juin 2018.

des armées c'est moi !". Sur la réforme des retraites, François Fillon agace le Premier ministre Jean-Pierre Raffarin. "Il lui reproche de trop tirer la couverture à lui et de ne pas avoir mis assez d'huile dans les rouages avec la CFDT" me confie Philippe Bas. François Chérèque[1] dut négocier directement à Matignon sur les carrières longues. François Fillon était réticent. Il craignait un dérapage financier. Quand il est viré du gouvernement et qu'il va offrir ses services à Nicolas Sarkozy, des chiraquiens restent pantois. "Quoi ? Celui qui trouvait que Jacques Chirac ne rabattait pas assez son caquet à Nicolas Sarkozy va maintenant se jeter dans ses bras !" Qu'importe au fond, à ce moment-là, le choix de François Fillon et l'alliance de circonstance avec l'ancien ministre de l'Intérieur. Pour la première fois de sa vie politique, il n'a plus besoin d'être parrainé pour avancer. Il le fut par le ministre Joël Le Theule pour se constituer un fief électoral, il le fut par Philippe Séguin pour entrer pour la première fois dans un gouvernement en 1993, il le fut par Édouard Balladur pour devenir ministre de Jacques Chirac en 1995. L'ancien Premier Ministre demanda en effet aux membres de son gouvernement s'ils voulaient continuer avec le nouveau chef d'État malgré le schisme pendant la campagne présidentielle. Certains déclinèrent, voulant rester fidèle à leur choix balladurien. Mais François Fillon n'eut pas peur d'être l'homme de

1. Secrétaire Général de la CFDT de 2002 à 2012.

fidélités successives. C'est ainsi qu'il devient le ministre des Technologies, de l'Information et de la Poste. François Fillon était avec Édouard Balladur contre Jacques Chirac, puis avec Jacques Chirac contre Nicolas Sarkozy puis avec Nicolas Sarkozy contre Jacques Chirac ! De là vient le manque de considération de bon nombre de politiques à son encontre : il n'est pas perçu comme un compétiteur, mais comme un perturbateur ! François Fillon ne le supporte pas. Dans la foulée de son éviction, il écrit l'ouvrage *La France peut supporter la vérité*[1]. Il revient sur la fameuse phrase “On ne retiendra rien de Jacques Chirac sauf mes réformes”... Il regrette de l'avoir prononcée dans un accès de “colère et de vanité” écrit-il. “Je voulais que la conversation avec le journaliste du *Monde* Philippe Ridet soit off. Mais finalement cela m'a libéré. La prudence n'est plus de mise dans le contexte actuel”, écrit-il. Voilà donc François Fillon capable de passer à l'action sans rester dans l'ombre des autres. Et en critiquant Jacques Chirac... Celui à qui il doit ses plus beaux postes ministériels, après avoir été balladurien ! Il livre ainsi toujours dans son ouvrage *La France peut supporter la vérité* : “Contrairement à l'image d'un Chirac chaleureux, attentif, le président se montre souvent dans la gestion des hommes cassant, abrupt, cynique. Sans doute parce qu'il a passé trop de temps au pouvoir, il n'a guère d'estime pour les responsables politiques. Il

1. Albin Michel, 2006.

donne même le sentiment de n'éprouver à l'égard de la plupart d'entre eux que du mépris". Dans le même ouvrage, François Fillon affiche pourtant enfin son ambition lue dans les yeux de Jacques Chirac, entendue de sa bouche : "Premier ministrable ? Orgueil déplacé ? Comment ne pas entendre les allusions répétées du président à cette éventualité au cours de nos entretiens réguliers ?" Désormais François Fillon n'entend pas seulement le chant des sirènes l'invitant à regarder du côté de Matignon, il affiche cette ambition. L'appétit vient de la rancœur qu'il nourrit pour le chef de l'État de ne pas l'avoir gardé au gouvernement.

L'attelage pour atteindre ses objectifs est tout trouvé : Nicolas Sarkozy fait route vers l'Élysée et il partage avec François Fillon la même aigreur pour Jacques Chirac. Le couple va presque vivre une lune de miel jusqu'à l'élection présidentielle de 2007. François Fillon s'investit dans le programme de l'UMP et espère, s'il est Premier ministre, le voir appliquer. Mais il n'aura pas cette satisfaction. Nicolas Sarkozy ne touchera pas aux 35 heures, ni à l'ISF, ni au désendettement de la France… Bien au contraire. La dette explose sous son quinquennat, même si la crise de 2008 est passée par là. François Fillon passe son temps à avaler des couleuvres. Ça ne cale pas son appétit, bien au contraire ! Les humiliations dopent secrètement son ambition pour l'Élysée. Nicolas Sarkozy échoue à la présidentielle de 2012.

La voie est libre avec une obsession : prendre sa revanche sur ceux qui l'ont tant humilié.

On aurait dû se méfier…
L'aigreur n'est pas le moteur de l'ambition !

Finalement François Fillon voulait-il servir la France en remportant la primaire ? Son horizon n'était-il pas plutôt de faire un bras d'honneur à Nicolas Sarkozy ? Sans oublier Jacques Chirac… Était-il prêt à livrer toutes les batailles pour redresser son pays ? Après son échec à la présidence de l'UMP[1], François Fillon négocie la tenue de la primaire de la droite. Ce n'était pas pour faire de la figuration mais de là à imaginer qu'il en sortirait vainqueur ! N'avait-il pas le désir de s'affirmer ? D'effacer l'image du collaborateur de Nicolas Sarkozy ? Son puissant moteur : se venger de l'ancien président et au passage nuire à Alain Juppé.

1. 18 novembre 2012.

Matignon, une belle carrière en apparence

En février 2012 François Fillon, Premier ministre, est sur le plateau de l'émission « Des Paroles et des Actes ». Questions de David Pujadas : « Quelle est votre principale qualité ? » « La ténacité ». « Quel est votre principal défaut ? » « L'obstination ». Et d'ajouter : « Il en a fallu pendant cinq ans ». Le présentateur reste sur sa faim. Il tente de débusquer l'animal politique peu loquace en citant Rachida Dati[1] : « Elle dit que vous n'êtes ni lisse, ni bien élevé, ni gentil ». « Lisse je ne sais pas ce que ça veut dire. Je ne laisse jamais transparaitre mes sentiments. Ce qui compte c'est le travail que l'on fait. Je n'ai jamais cherché la lumière ». David Pujadas ajoute : « Nicolas Sarkozy vous compare au zélé compagnon de Zorro, Bernardo : efficace, discret, muet ». « Cela ne me fait pas plaisir ». Ainsi, arrivé au terme du quinquennat,

1. À l'époque maire du 7ème arrondissement de Paris et député européenne. Ministre de la justice dans le gouvernement de François Fillon de 2007 à 2009.

François Fillon se dépeint tel un résistant. Pendant cinq ans, il aura supporté les humiliations de Nicolas Sarkozy, évité les chausse-trappes des ministres qui voulaient prendre sa place, neutralisé Jean-Louis Borloo en embuscade pour lui succéder à Matignon.

Ce n'était pas ce dont il rêvait en arrivant rue de Varennes en 2007 ! Mais être Premier ministre est déjà en soi une victoire. Deux ans plus tôt, il se voit ministre à vie. Dominique de Villepin le fait descendre de son nuage. Il se tourne alors vers Nicolas Sarkozy le meilleur ennemi de Villepin pour effacer la disgrâce. L'alliance a aussi un objectif : se venger de Jacques Chirac. Mais les deux hommes sont comme l'eau et le feu. Dès le début de leur collaboration, malgré l'amabilité feinte de Nicolas Sarkozy, il y a des dissonances. François Fillon est nommé directeur de campagne de Nicolas Sarkozy. Qui s'en souvient ? Il a pourtant participé à toutes les réunions stratégiques et à tous les meetings. Dès qu'il est élu en mai 2007, Nicolas Sarkozy commande un rapport à Jacques Attali afin de relancer la croissance économique de la France. La commission commence ses travaux en juin 2007 et rend ses conclusions en janvier 2008. Le chef de l'État a-t-il oublié que son Premier ministre a pris en charge le programme de l'UMP pour la présidentielle en supervisant toutes les conventions thématiques ? Autre humiliation ô combien symbolique là encore dès le début du quinquennat : Nicolas Sarkozy s'octroie la résidence de la Lanterne située au sein du parc du château de Versailles. Elle était jusque-là réservée au Premier ministre. À la veille de son discours de politique générale, le 3 juillet 2007, *Libération* titre : « François Fillon a même le droit de parler ». *Le Nouvel Observateur* évoque « un fantôme à Matignon ». Habilement François Fillon fait savoir que les temps ont changé dans la répartition des rôles au sein du couple exécutif et qu'officiellement il n'est nullement dérangé par l'omniprésence médiatique et politique de Nicolas Sarkozy. Le coup de grâce arrive cependant très vite. Dans *Sud Ouest* le 22 août 2007, le chef de l'État traite son Premier ministre de « collaborateur ». François Fillon encaisse. Il se tait. Mais quand le 21 septembre 2007, il proclame sa phrase choc en Corse : « Je suis à la tête d'un État en situation de faillite sur le plan financier », qui parle ? Le Premier ministre ou celui qui méprise le Président de la République ? Le sarkozyste Henri Guaino[1] ripostera en disant que le mot faillite est inadapté. Interrogé sur la guerre au sein du couple exécutif, Jean de Boishue, qui fut le collaborateur de François Fillon à Matignon, confirme que le chef du gouvernement ne s'attendait pas à se retrouver dans « des tranchées, une trousse de survie à la main ». Dans son ouvrage *Anti-secrets*[2], il interroge : « De quelle marge de manœuvre disposait François Fillon à Matignon ? À mon avis d'aucune. Avec un président boulimique et soupe au lait, l'horizon était

1. Conseiller spécial de Nicolas Sarkozy de 2007 à 2012.
2. Plon, 2015.

bouché en permanence. On a connu mille exemples où déclaration, propositions ou prises de position de Fillon ont été contredites, démenties, voire moquées (...). En petit chef de rayon, Sarkozy prenait un malin plaisir à casser Fillon »[1]. Du côté des anciens de l'Élysée, on balaye d'un revers de main les attaques sarkozystes. Pourquoi tant de haine contre François Fillon ? « Parce qu'il ne travaillait pas ! Il n'a jamais travaillé » me confie l'un d'eux. C'est vrai que le mode de fonctionnement de l'Hôtel Matignon sous François Fillon était particulier. Il n'existait pas de groupe chargé d'une réflexion politique ou d'analyse à long terme. « Ce n'était pas sa tasse de thé » dit Jean de Boishue dans *Anti-Secrets*. Il raconte aussi que, dès son installation, le Premier ministre avait décidé de réunir toutes les semaines un « Conseil des Sages ». Conseil qui ne dura qu'un temps. Aucun conseiller ne se souvient de dîner avec des intellectuels alors qu'ils avaient table ouverte à l'Élysée. Bien sûr, jour et nuit, le directeur de cabinet de Matignon Jean-Paul Faugère était sur le pont. Mais François Fillon ?

Dans son ouvrage *Faire*[2] publié en 2015, livre-vérité pour le candidat de la primaire, François Fillon revient sur la façon dont il conçoit la fonction de Premier ministre. Il veut répondre aux critiques de ceux qui lui reprochent « soit de n'avoir rien fait, soit d'avoir tout fait ». Il confie : « Je ne

1. *Anti-secrets*, Plon, page 38.
2. Albin Michel, 2015.

suis pas allé à Matignon pour faire la guerre au Président de la République (...) Le Premier Ministre est le principal interlocuteur du parlement au sein de l'exécutif. Faute de communication et de considération, les parlementaires se rebiffent. Le vote des textes du gouvernement n'est plus garanti et toutes les déconvenues sont à craindre. Durant cinq ans, je me suis astreint à ne jamais perdre le contact avec le parlement ». Ces lignes laissent perplexes. François Fillon Premier ministre est d'abord chef de la majorité parlementaire avant d'être chef de gouvernement. Pourtant dans la Constitution de la Ve République, à l'article 21, il est stipulé que « le Premier ministre dirige l'action du Gouvernement ». Il définit et met en œuvre la politique de la Nation. Mais dans les faits, sous Nicolas Sarkozy, sous François Hollande ou avec Emmanuel Macron nous savons bien que les décisions se prennent à l'Élysée et non à Matignon. Habilement, François Fillon précise : « À Matignon la tactique. À l'Élysée la stratégie. C'est à mes yeux l'esprit originel de nos institutions ». Ne serait-ce pas de la poudre aux yeux ? Certes François Fillon était apprécié des parlementaires UMP et lors des questions au gouvernement le mardi à l'Assemblée il excellait dans les joutes oratoires. Mais qu'a-t-il fait de son ambition de réformer la France en devenant Premier ministre ? Gouverner, faire des choix, remettre le pays en route... Dans *Faire* il précise sa pensée : « Sur certains sujets – trente-cinq heures, réforme des retraites, réduction des déficits – j'aurai voulu que nous allions plus loin. J'étais prêt à assumer devant l'opinion et devant le Parlement des choix tranchés, impopulaires. D'une certaine façon, il (Nicolas Sarkozy) semblait chercher le compromis. Il lui répugnait de ne pas être aimé »[1]. François Fillon comprend très vite qu'avec le chef de l'État les vraies réformes dont il rêve pour redresser le pays ne verront jamais le jour.

Que faire dans ces cas-là ? Au moins taper du poing sur la table ! Présenter la démission de son gouvernement ! Et donc la sienne… François Fillon confie l'avoir fait deux fois, fin septembre 2007 après sa sortie sur la faillite des finances publiques. Conversation orageuse au téléphone avec Nicolas Sarkozy à la veille des journées parlementaires à Strasbourg. « Je l'ai fait de manière spontanée, sans protocole » écrit François Fillon dans *Faire*. « Il (Nicolas Sarkozy) a écarté cette hypothèse sans se jouer d'artifice ». Dans son ouvrage il se garde bien d'évoquer la seconde fois où il aurait mis sur la table sa démission. Tout ceci a comme un air de Comedia Dell'arte. En réalité les choses sont beaucoup moins romanesques dans le « je t'aime, moi non plus » de la politique. Le président peut mettre fin aux fonctions de son Premier ministre sur la présentation par celui-ci de la démission de son gouvernement, selon les termes de l'article 8 de la Constitution. Souvent, le locataire de Matignon signe sa lettre de démission dès son arrivée rue de

1. *Faire*, Albin Michel, 2015, page 80.

Varennes et la donne à l'Élysée. Difficile pour le Premier ministre de s'imposer si dans les faits le président peut le démettre à tout moment. Mais l'orgueilleux et malin François Fillon a-t-il signé la fameuse lettre ? Rien n'est moins sûr ! J'ai posé la question à l'un de ses proches qui travaillait à ses côtés à Matignon. Il n'a pas le souvenir d'avoir eu connaissance d'une telle lettre de démission signée. Et si Nicolas Sarkozy avait gardé cinq ans François Fillon parce qu'il ne pouvait pas le démettre ?

On aurait dû se méfier...
Il raffole des à-côtés du pouvoir.

François Fillon s'est accroché à Matignon comme la bernique à son rocher ! Contre vents et marées... Michel Debré a présenté quatre fois sa démission au général de Gaulle, écrit-il dans ses *Mémoires*[1]. Des démissions qui furent... refusées jusqu'en avril 1962. Jacques Chirac a bel et bien démissionné en 1974. Mais en cinq ans, François Fillon en est resté au stade des velléités. Malgré le statut de « collaborateur » et de souffre-douleur au sens propre de Nicolas Sarkozy. Le Premier ministre somatise : mal de dos, coliques néphrétiques. Ses collaborateurs le voient souvent serrer les dents et faire un tour à l'hôpital quand les

1. *Trois Républiques pour une France, Mémoires*, Albin Michel, 1988.

antalgiques ne font plus d'effets. Fréderic Mitterrand observe François Fillon « le visage décomposé par la douleur » dans *La Récréation*[1] lors d'une visite à la Villa Médicis à Rome en 2008. Mais la souffrance vient par crise. Il y a des intermèdes heureux. Certains députés fillonistes lui rendent visite à Matignon. Ils sont étonnés du peu de dossier sur son bureau et de son seul sujet de conversation : critiquer le président de la République. Fin 2011, il annonce que Nicolas Sarkozy sera évidemment battu en 2012. François Fillon s'est d'ailleurs peu impliqué dans la bataille présidentielle. Alors pourquoi rester cinq ans Premier ministre en grinçant des dents ? D'autant qu'officiellement François Fillon n'a pas encore d'ambition affirmée pour l'Élysée. Une chose est sure : il étoffe son carnet d'adresses grâce à sa fonction dans l'idée que sa cote de conférencier sera plus élevée : au minimum 50 000 euros quand il quitte Matignon. Et puis « il est l'homme le mieux informé de France. Matignon c'est une formidable tour de contrôle » me dit un ancien conseiller de cette illustre maison.

Mais surtout, le sybarite se dit que Matignon vaut bien un confortable purgatoire. En 2011 le vernis de l'homme austère prêt à se sacrifier pour sauver la France sous les coups vachards de Nicolas Sarkozy se lézarde. Les journalistes révèlent que le Premier ministre est parti pendant les vacances de Noël à Assouan en Égypte, invité par le président égyptien

1. Robert Laffont, 2013.

Hosni Moubarak et en empruntant... un Falcon gouvernemental. « Normal », rétorquent les services du Premier ministre, le chef du gouvernement ne peut pas prendre un avion de ligne classique pour des raisons évidentes de sécurité. Le même service précise que la famille Fillon paie le déplacement au prix minimum trouvé pour un avion de ligne. Le hic c'est que la famille Fillon est hébergée gracieusement dans un hôtel 5 étoiles mais l'équipage du Falcon aussi... Un équipage immobilisé pendant les dix jours de vacances du Premier ministre. Est-ce bien raisonnable ? L'affaire sort dans la presse au moment où Michèle Alliot-Marie, sa ministre des Affaires étrangères, doit se justifier pour avoir été invitée par le président Ben Ali en Tunisie aux frais de la famille Trabulsi qui n'est pas en odeur de sainteté mais plutôt de corruption. François Fillon soutient la chef de sa diplomatie. Il faut dire qu'il n'en est pas à son coup d'essai. Pour le week-end de la Pentecôte, en mai 2009, toute la famille va passer trois jours à Marrakech. Passe encore que le Premier ministre use et abuse d'un train de vie que lui permet l'État dans « l'Ancien Monde ». Après tout, il n'a rien volé. Mais Matignon rime pour François Fillon avec ivresse, non du pouvoir qu'il a laissé à Nicolas Sarkozy, mais des à-côtés du pouvoir. Chaque week-end durant cinq ans (à de rares exceptions près), il se rend dans son manoir de Beaucé. Nicolas Sarkozy est sidéré de voir son Premier ministre « prendre ses week-end ». Mais le mode de transport choisi est tout aussi sidérant : d'abord en hélicoptère Puma puis en Falcon 7X mis à sa disposition par l'armée de Terre. Son fief est à 230 kilomètres de Paris. Coût pour le contribuable : 27 000 euros le déplacement de fin de semaine. 1 million 300 mille euros sur l'année. Un choix qui a de quoi surprendre. En voiture avec sirène et gyrophare, ou en TGV, le temps de parcours entre l'hôtel Matignon et Solesmes dans la Sarthe est de 1 h 45. Austérité bien ordonnée ne commence pas par François Fillon. Et dès son arrivée à Matignon le Premier ministre ne joue pas la carte de l'humilité. Il doit inaugurer le TGV Est. Cela le barbe d'aller à Strasbourg dans un TGV tout neuf en 2 h 20. Son équipe fait croire aux journalistes qu'il est dans le train. En fait il voyage en Falcon avec Alain Juppé, alors ministre de l'Écologie. L'appareil se pose à Nancy. Le TGV marque un arrêt de 26 minutes dans la ville pour permettre au chef du gouvernement de monter. Et tant pis pour la ponctualité ! À Strasbourg François Fillon fait comme si de rien n'était mais il commet la maladresse de critiquer le manque de performance du fret et l'inconfort des TER. Anne-Marie Idrac, la présidente de la SNCF, vexée, dévoilera la supercherie aux journalistes.

Ironie de l'histoire… François Fillon a comme tout notable pour sa région la folie des grandeurs. En octobre 2007, il signe le décret qui déclare la Ligne à Grande Vitesse Bretagne-Pays de la Loire projet d'utilité publique. La LGV s'arrêtera à Sablé-sur-Sarthe moyennant une virgule de trois kilomètres six cents à 36 millions d'euros. La ville de 12 000 habitants devient une gare de transit interrégionale. La liaison a été inaugurée le 2 juillet 2017. Le billet de TGV Paris – Sablé-sur-Sarthe au départ de Montparnasse est à 65 euros pour 1 h 07 de trajet. Dommage que la ligne n'ait pas été en service quand François Fillon était à Matignon. On aurait sans doute pu constater qu'il n'aurait rien changé à ses luxueuses habitudes.

Sujet tabou : y a-t-il encore des fonds secrets à Matignon ? De l'argent à disposition du Premier ministre ? Officiellement non. Ils ont disparu en 2001 sous l'impulsion de Lionel Jospin[1]. Les fonds étaient gérés par Matignon au profit des ministères et des services. Chaque mois la Présidence de la République, le Premier Ministre et ses ministres disposaient d'une enveloppe d'argent liquide retiré à la banque de France qu'ils utilisaient sans contrôle. Officiellement l'argent servait au fonctionnement de l'État et à des compléments de rémunération des ministres et de leurs collaborateurs. J'ai demandé à un ancien proche de François Fillon à Matignon s'il y avait encore de l'argent à disposition du Premier ministre pendant le quinquennat de Nicolas Sarkozy. « Les fonds secrets ? Ah ils n'existent plus ! Enfin ça dépend » me répondit mon interlocuteur gêné et énigmatique. De là à imaginer que François Fillon avait un portefeuille tout trouvé pour acheter quelques costumes…

1. Premier ministre 1997-2002.

Ainsi Matignon fut l'écrin de la vie dont il avait toujours rêvé, tel un monarque républicain. Et l'anti-Sarkozy, l'anti-bling-bling se révéla jouisseur. L'Élysée n'ignorait rien de ses penchants de sybarite. Durant l'été 2009, en vacances en Toscane, le Premier ministre se fit prêter une Ferrari par son ami le PDG de la marque Luca di Montezemolo. Les proches de Nicolas Sarkozy soupirèrent et conspuèrent le « faux cul » bourgeois de province officiellement sobre et austère. L'hôtel de Matignon s'est même transformé en paddock pour l'écurie Citroën C4, comme le raconte Jean de Boishue dans *Anti-Secrets*, quand le Premier ministre a accueilli le pilote champion du monde de rallye Sébastien Loeb. « Je n'avais jamais vu auparavant Fillon dans un tel état de bonheur » écrit-il. « D'un geste de gamin, il passait le doigt d'une main sur le moindre contour de la carrosserie (...) mettait la tête dans l'habitacle (...) Se fit rappeler les caractéristiques du moteur. » François Fillon, petit Prince de la planète automobile. La passion pour la mécanique comme une seconde nature. Mais quelle était la première ? Sinon sa fascination pour les belles choses ? Quand il quitte Matignon, « il voulait le pouvoir mais pour en faire quoi ? » me dit Henri Guaino. C'est toute la question. Auparavant, pendant cinq ans, il témoigne de l'ambition de profiter de tous ses à-côtés. Matignon ou la quintessence de son hédonisme.

La circonscription la plus facile de Paris

Quand François Fillon quitte Matignon, pas question d'aller se frotter au socialiste Stéphane Le Foll dans la Sarthe pour reconquérir son siège de député. Il sait que ce sera difficile après l'élection de François Hollande. Il n'a pas envie de se battre. Tant pis pour la fidélité à son fief et à ses racines sarthoises ! L'ancien Premier ministre choisit Paris et une circonscription facilement gagnable à cheval entre les huppés 5ᵉ, 6ᵉ et 7ᵉ arrondissements. Elle s'étire du Quartier latin à la Tour Eiffel en passant par les Invalides et l'Hôtel Matignon. Son adversaire : le socialiste et généticien Axel Kahn. Face à une grande figure de la médecine, François Fillon cherche un suppléant qui serait une femme, et une femme professeur de médecine pour rivaliser sur les affiches avec Axel Kahn. Il fait demander à certains de ses proches de lui trouver la perle rare. Son choix se porte sur Agnès Buzyn[1] !

1. Entretien avec Bernard Debré, 15 mars 2018.

À l'époque, fin 2011, elle est hématologue et préside l'Institut National du Cancer. Mais Agnès Buzyn refuse. Elle a sa carrière à mener et n'a pas envie d'être simple suppléante. L'avenir lui aura donné raison puisqu'elle est aujourd'hui ministre de la Santé d'Emmanuel Macron. Autre femme en lice : Dominique Stoppa-Lyonnet, généticienne réputée. Elle dira oui à l'aventure politique aux côtés de François Fillon. La campagne ne sera pas de tout repos car Rachida Dati qui lorgnait sur la circonscription étrille toutes les semaines dans les médias le Premier ministre : parachutage, manque de courage, misogynie... François Fillon ignore l'ex-garde des Sceaux mais fait répondre sa garde rapprochée dont Bernard Debré qui publiera sur son blog une lettre assassine pour remettre à sa place celle surnommée « une petite fille gâtée par la vie publique ». Finalement Rachida Dati renoncera à se présenter alors que François Fillon a l'investiture du parti. Elle ne souhaite pas « ajouter de la division à l'échec » de la présidentielle de 2012.

Quand la campagne n'est plus polluée par l'ex-garde des Sceaux, comment François Fillon fait-il campagne ? Je l'ai suivi dans quelques-unes de ses réunions avec les militants. Le 30 mai 2012, réunion avec les commerçants du 7e arrondissement au café « La Terrasse » près de l'École militaire. Soixante personnes attendent le candidat de l'UMP. Il arrive furtivement. Il fait tout pour éviter Axel Kahn et ses militants à moins de 10 mètres de l'entrée de la brasserie. Il prend la parole pour dire « l'électoralisme n'est pas mon genre de beauté. J'ai toujours dit la vérité en tant que Premier ministre ». Observons François Fillon à la Terrasse. Il s'assoit après avoir parlé. Puis il se relève prestement. Il se rend compte qu'il a oublié de présenter l'objet non identifié à ses côtés : sa suppléante, Dominique Stoppa-Lyonnet ! Au bout de 25 minutes il regarde sa montre. Au bout de 30 minutes, il est parti ! En omettant bien sûr de dire un mot aux journalistes.

Bien des gens ont été choqués du peu de zèle de François Fillon y compris quand il s'agit de remercier de généreux donateurs pour sa campagne. Ainsi son passage éclair dans un somptueux appartement du 6e arrondissement. La maitresse de maison a préparé un buffet pour cinquante personnes. L'assistance est composée de personnalités brillantes, distinguées et bien élevées, à l'image de Jean d'Ormesson venu soutenir l'ancien Premier Ministre. Il y a aussi de jeunes germanopratins attentifs. François Fillon prend la parole et… s'éclipse sans même avoir salué ses hôtes qui en seront tout retournés !

À l'époque Jean-François Copé est le secrétaire général de l'UMP. « François Fillon m'avait dit qu'il voulait une circonscription à Paris parce qu'il ne voulait plus voir les gens »[1] me dit-il. Après Matignon, l'ancien Premier ministre n'a pas envie

1. Entretien avec l'auteur, 4 juillet 2018.

de serrer des mains et de deviser avec les électeurs. « Je le connais comme si je l'avais fait. C'est un misanthrope » ajoute Jean-François Copé qui assume l'étiquette « meilleur ennemi de François Fillon ».

On aurait dû se méfier… Il n'a pas envie de conquérir Paris !

La campagne pour les législatives n'a rien d'une conquête pour François Fillon. C'est plutôt une planque ! Camouflet pour un ancien Premier ministre, il ne sera pas élu au premier tour. Il n'était pas attendu puisqu'il s'agissait d'un parachutage. Mais c'est la première fois qu'un candidat de droite ne passe pas au premier tour dans cette confortable deuxième circonscription de la capitale. D'autant qu'il avait en face de lui Axel Kahn un novice en politique !

Douche froide pour la droite parisienne. François Fillon fait très vite savoir à ceux qui le pressent d'être candidat pour la mairie en 2014 que cela ne l'intéresse pas. Il n'a aucune ambition pour Paris. Il n'a pas envie d'aller à la bagarre et de ravir l'Hôtel de Ville à la gauche. Perplexité des troupes. François Fillon préfère se concentrer sur la bataille pour la présidence de l'UMP. « Soit », me dit un élu parisien, « s'il remportait la présidence du parti en novembre 2012, il serait de fait en pole position pour devenir le patron de la capitale ! Il ne pourrait pas se défiler. Il serait obligé de se présenter à la mairie ». François Fillon ne fait pas ce calcul-là. Député de Paris, il décline sa participation à la primaire UMP pour la capitale. Il fera le service minimum pour soutenir Nathalie Kosciusko-Morizet[1]. Il a déjà en tête l'Élysée et la primaire de la droite. La bataille pour la mairie de Paris nécessitait un chef. Il aurait pu être celui-là ! Qu'il est loin Henri IV et son fameux : « *Paris vaut bien une messe* »…

---

1. Ancienne ministre de l'écologie de Nicolas Sarkozy, candidate UMP pour la mairie de Paris en mars 2014.

La conquête pour la présidence de l'UMP

Quatre semaines incroyables. Une bataille d'une violence inouïe. François Fillon ne voit pas le danger. Il part auréolé de son statut d'ancien Premier ministre, fort du soutien de la majorité des parlementaires. Il croit en sa bonne étoile. Pour impressionner Jean-François Copé, il démontre sa force et sa rouerie en déposant 45 000 parrainages d'élus à la mi-septembre en 2012. Il a fait croire qu'il n'en aurait que 15 000 ! Jean-François Copé affiche une mine déconfite avec ses 30 000 signatures. Avant même l'affrontement, François Fillon se surestime et il sous-estime son rival. Pourtant bon nombre de fillonistes ont alerté l'ancien Premier ministre sur la dangerosité de Jean-François Copé. Coriace, celui-ci attend son adversaire le couteau entre les dents. François Fillon n'a pas d'armes sur lui. Il répugne à se battre. Et pas de combat à bras-le-corps. Ce n'est pas son genre. Pour lui, la présidence de l'UMP est une formalité. En filigrane se dessine la prochaine guerre avec Nicolas Sarkozy pour la présidentielle de 2017. François Fillon ne s'adresse pas à la base militante. Il parle comme un candidat à la présidence de la République en se permettant de faire le droit d'inventaire du quinquennat précédent. Il parle économie et déficit des comptes publics. Il veut incarner une nouvelle donne post-Sarkozy plutôt que d'entrer dans les habits de chef de l'opposition. Première erreur tactique ! Les militants sont encore très « sarkophiles ». Deuxième erreur : il ne réagit pas quand les manœuvres de noyautage de l'équipe Copé lui remontent aux oreilles. Jean-François Copé a la main sur la machine administrative du parti. La composition de la commission de contrôle de l'élection pose problème : sur les 9 membres, quatre sont ouvertement proches de Jean-François Copé, un est sarkozyste, un est pro-fillon, les trois autres sont censés être indépendants. Le déséquilibre est patent. Et puis Jean-François Copé a mis en place un système de procurations massives. Ça sent la tricherie ! François Fillon est mis en garde par ses conseillers. Mais il n'organise pas la riposte. Début juillet, il n'apparaît que brièvement à une réunion des cadres de l'UMP à Paris. Le thème est la préparation de l'élection qui aura lieu en novembre. Grâce à l'insistance de ses amis politiques, il passe une tête et prononce un discours un peu bateau qui laisse médusés les participants. François Fillon a mieux à faire : il ne peut pas manquer sa prise de poste au volant d'une voiture de course ancienne sur le circuit du Mans ! Jean-François Copé lui est sur place depuis 8 h du matin. Il boit café sur café avec les secrétaires départementaux. Il n'oubliera pas d'exploiter la faute de son rival. « Tous les militants présents ce jour-là recevront la photo de François Fillon au volant de sa *Torpedo* », écrivent Carole Barjon et Bruno Jeudy, dans *Le Coup monté*[1].

Le 18 novembre 2012, Jean-François Copé se livre à un putsch spectaculaire. Il annonce à 23 h 30 sa victoire avec 1 000 voix d'avance. Or la moitié des résultats n'ont pas encore été validés par la Cocoe, la commission d'organisation et de contrôle des opérations électorales ! Et les chiffres des importantes fédérations de Paris, des Hauts-de-Seine et des Alpes-Maritimes manquent. Il s'agit de bastions pro-Fillon. Lorsque les résultats de ces derniers tombent, l'équipe Fillon compte 224 voix d'avance. L'ancien Premier ministre déclare alors sa victoire à 23 h 50. Soirée hallucinante, riche en tensions et en rebondissements ! Deux heures plus tard, le camp Copé décide de suspendre les opérations de recomptage. Le camp Fillon redoute un coup fourré. Le lendemain, le 19 novembre, le sénateur Patrice Gélard, président de la Cocoe (Commission d'organisation et de contrôle des opérations électorales), proclame les résultats définitifs et la victoire de Jean-François Copé. Énième rebondissement, le 20 novembre, l'équipe Fillon découvre que les votes en provenance

1. Plon, 2013.

de Mayotte, de la Nouvelle-Calédonie et de Wallis-et-Futuna ont été volontairement oubliés. François Fillon dispose de 26 voix d'avance sur Jean-François Copé. L'ancien Premier ministre appelle le sénateur Gélard. Ce dernier reconnaît l'oubli des deux territoires et du département d'outre-mer. « Mais cela aurait été la pagaille. On ne pouvait plus rien faire », dit-il[1]. François Fillon monte enfin au front, à la télé, pas dans les tranchées. Le 21 novembre, il dénonce une manipulation au journal de 20 h de TF1. Il utilise le terme de mafia pour évoquer Jean-François Copé et ses méthodes. Et il annonce qu'il renonce à la présidence du parti. Stupéfaction de ses proches. Personne n'était au courant ! Le 27 novembre, il décide de la création d'un groupe parlementaire indépendant à l'Assemblée nationale : le Rassemblement UMP vite baptisé le R-UMP et qui recense 73 députés. Pour tous les soutiens de François Fillon, ce groupe est le prélude à la création d'un nouveau parti afin de propulser l'ancien Premier ministre dans la course à l'Élysée. Mais le R-UMP ne vivra pas bien longtemps. Copé et Fillon s'assoient autour d'une table. Comme dans l'histoire Pince-mi et Pince-moi sont sur un bateau, Pince-Fillon tombe à l'eau. Il renonce à une action en justice. En échange les instances de direction du parti accueillent les fillonistes grâce au dédoublement de toutes les vice-présidences. C'est l'armée

1. *Le coup monté*, Plon, 2013.

mexicaine ! Et le crépuscule des ambitions pour les amis de François Fillon : le groupe R-UMP est dissous en janvier 2013. Un député qui fut filloniste traduit ainsi ce qui se passait alors dans la tête de l'ancien Premier ministre : « Il voulait la présidence de l'UMP mais sans s'en donner franchement les moyens ! ». Seul lot de consolation, il obtient l'organisation de la primaire en 2016.

On aurait dû se méfier…
Au lieu de combattre, il va se coucher !

Que fait François Fillon le soir du 18 novembre alors qu'il est sonné par le coup de bluff de Jean-François Copé ? Après avoir proclamé sa victoire et alors que la nuit promet d'être longue avec les décomptes, il va se coucher ! Par principe, il n'aurait pas dû quitter le siège de l'UMP tant que les résultats n'étaient pas intégralement validés. Imagine-t-on un homme politique sur le point de franchir une étape essentielle dans la course à l'Élysée aller se coucher alors qu'une fraude est en cours ? C'est impensable. Au lit à minuit passé, François Fillon arrive à bien dormir. Il est tiré de son sommeil à 2 h 30 du matin par François Baroin. Carole Barjon et Bruno Jeudy raconte la conversation dans *Le Coup monté* : « François, il faut que tu ailles à l'UMP ». « Quoi ? Maintenant ? » « Oui je connais leurs méthodes. Ils vont accélérer pour rendre les choses irréversibles.

S'ils se réunissent demain matin pour une déclaration officielle, tout est fini. » « Mais le dépouillement n'est pas terminé » dit François Fillon. « Il faut marquer le coup. Si tu n'y vas pas, tu es mort ». « Tu as raison, j'y vais ». Un autre coup de fil finit de réveiller l'ancien Premier ministre. Celui de Laurent Wauquiez qui lui tient le même discours que François Baroin. François Fillon arrivera donc à 3 h 10 du matin au siège de l'UMP, la marque de l'oreiller encore sur la joue ! Il apostrophe Jérôme Lavrilleux, le bras droit de Jean-François Copé : « Comment osez-vous dire que Copé a gagné alors qu'on a que 50 % des résultats ? ». Mais il est trop tard. Il aurait fallu demeurer sur place, mettre en œuvre une surveillance des agissements du camp Copé. Il fallait dormir trois heures par nuit pendant une semaine si besoin. Dès l'instant où il voulait conquérir le parti, plus rien ne devait compter. Ni la tentation du circuit du Mans, ni celle de l'oreiller ! Un candidat à la présidentielle ne peut agir en dilettante, pas même en l'espace de quelques jours ! Illustration de la débâcle : l'homme choisit le compromis plutôt que le rapport de force. Il n'arrive pas à s'imposer à la tête de l'UMP malgré la victoire. Les troupes sont lâchées en rase campagne après avoir mené des réunions publiques pour gagner l'élection. Et quand la fraude devient évidente, François Fillon ne fait pas preuve de la détermination nécessaire.

François Fillon avait-il vraiment envie de devenir président de l'UMP ? Il voulait surtout ne pas laisser les clefs de la maison UMP à Jean-François Copé de peur qu'il ne verrouille à sa façon la primaire de 2016. Il s'était convaincu qu'il n'avait pas d'autre choix pour assoir sa candidature pour l'élection présidentielle. Mais il n'était pas emballé. Il reconnaîtra très vite d'ailleurs s'être trompé de campagne en parlant comme un présidentiable, et non comme un chef de parti prompt à flatter ses militants.

Quand il se remet au lit dans la nuit du 18 au 19 novembre, François Fillon fait-il des rêves prémonitoires ? La débâcle n'en appelle-t-elle pas une autre en 2017 ?

Qui est cet homme ?

Né à la politique avec une cuillère d'argent dans la bouche.

Qui est François Fillon ? Quand il était enfant, il n'envisageait pas de devenir président. « Je voulais être ambassadeur, mais ma mère m'a expliqué que c'était surtout un métier de représentation. J'ai rêvé de devenir ingénieur, mais j'étais mauvais en maths. J'ai envisagé d'être guide de haute montagne ou journaliste. Finalement, je suis venu à la politique par hasard. » Confidence à l'écrivain et éditorialiste du *Point* Franz-Olivier Giesbert[1] à quelques jours du premier tour de la présidentielle.

François Fillon est donc venu à la politique par hasard mais sous une bonne étoile, grâce à un bon génie qui exauce d'abord son souhait de tâter du journalisme. Ce bon génie est Joël Le Theule, vieil ami de ses parents. Il est maire de Sablé-sur-Sarthe, conseiller général du département, et député. Il a

1. *Le Point* du 6 avril 2017.

été aussi chargé de l'information au cabinet Couve de Murville jusqu'en 1969 et ses relations vont servir. Nous sommes en 1972, François Fillon reçoit un coup de fil du patron de l'AFP en personne ! Direction Madrid pour un stage de 3 mois. Il sillonne le pays avec un vieux correspondant qui couvre les corridas. Il en gardera une passion pour la tauromachie. Pas pour le journalisme malgré un autre stage de 3 mois à Bruxelles en 1973. Il poursuit des études de droit mais Joël Le Theule a besoin d'un attaché parlementaire et se tourne vers lui. François Fillon décline. Il rêve encore d'être grand reporter et veut finir ses études. Mais il finit par accepter un mi-temps, séduit par l'idée d'acquérir son autonomie financière. François Fillon, très orgueilleux, ne supporte pas « les reproches de son père qui surlignait en rouge les montants débiteurs de son compte bancaire. Il dépense beaucoup pour ses séjours au ski et pour ses voyages » écrit Christine Kelly dans *Coulisses d'une ascension*[1]. Déjà l'appétit de l'argent ! Voilà donc le jeune homme à Paris attaché parlementaire à partir de 1976 tout en menant un DEA de Droit Public à l'université Paris-Descartes. Mais il n'adhère au RPR qu'en 1977 sur les conseils de son bon génie. Là où des jeunes gens se damnent pour coller des affiches et vibrer dans un parti au nom de grandes et belles idées politiques, lui considère son travail à l'Assemblée nationale comme un job

1. L'Archipel, 2017.

d'étudiant. Vient alors le temps du service militaire. Joël Le Theule, réélu député de la Sarthe en 1978, devient ministre des Transports. Il propose à François Fillon de devenir chef adjoint de son cabinet. Ce n'est rien pour un cador de la politique. Mais c'est une belle opportunité pour un jeune homme de 24 ans ! Là encore, il ne semble pas plus mordu de politique. « Je suis venu travailler à son cabinet en me disant que ça durerait 6 mois et qu'après j'irais terminer mes études. » peut-on lire dans la biographie de Christine Kelly. Mais les 6 mois se transforment en presque 3 ans. François Fillon est happé par l'énergie fiévreuse de Joël Le Theule, et quand vient l'heure de faire ses classes à l'armée, changement de monde. François Fillon quitte les dorures du ministère, la voiture et le chauffeur de Joël Le Theule parfois mis à sa disposition, pour atterrir (au sens propre) dans une caserne sur la base aérienne du Bourget. Le bon génie du ministre pourvoit à tout et son protégé est affecté à la direction de la Météorologie Nationale qui dépend du ministère des Transports. À l'époque, bon nombre de jeunes gens tentent d'échapper au service militaire. Mais peu, comme François Fillon, se retrouve à faire un service 5 étoiles. Un service fictif ! Il reprend en réalité ses fonctions au cabinet du ministre. Il finit son service militaire comme conseiller technique au ministère des Transports. Ensuite la vie professionnelle continue comme un long fleuve tranquille au ministère de la Défense quand Joël Le Theule hérite de ce portefeuille en octobre 1980. Le bon génie ne cache pas ses intentions de faire de François Fillon son successeur, son fils spirituel en politique. Joël Le Theule a vécu sa vie politique comme un sacerdoce. Sept jours sur sept. Pas de famille. Pas d'enfants. Ses administrés l'adorent. Sa garde rapprochée aussi. Il a choisi François Fillon mais François Fillon n'a toujours pas choisi la politique. Il est cependant à la hauteur des tâches que lui confie son mentor. Mais s'engager dans une vie qui vous dévore et demande beaucoup de disponibilité, très peu pour lui. « Il faudrait renoncer à trop de choses », dit-il à sa mère qui l'interroge sur son avenir. Là, déjà, apparaît le François Fillon hédoniste…

Pourtant arrive l'heure du choix. Contraint. Joël Le Theule meurt brutalement dans la nuit du 13 au 14 décembre 1980. 2e crise cardiaque en 24 h. Il s'écroule dans les bras de François Fillon qui l'a transporté à l'hôpital et qui veillait sur lui avec sa jeune épouse Penelope. Le jeune conseiller est à la croisée des chemins. Il hésite encore à entrer en politique ! Privilège du monde du pouvoir, il n'a pas à demander. Deux autres propositions lui sont faites. Intégrer l'équipe du PDG d'Air France qu'il a connu lors de son passage au ministère des Transports ou intégrer la préfectorale sur proposition du ministre de l'Intérieur Christian Bonnet. Privilège des privilèges, François Fillon n'a jamais eu à concocter un CV, une lettre de motivation. Il n'a jamais dû préparer des entretiens d'embauche ! Il ne verra pas le mal quand il s'agira de faire travailler Penelope à la *Revue des Deux Mondes* trente-cinq ans plus tard... Pas plus qu'il ne trouvera anormal de faire travailler deux de ses enfants au Sénat pendant quelques mois à des moyennes de salaires que n'atteignent pas la plupart des attachés parlementaires. Alors pourquoi la politique ? L'amateur de bonnes et belles choses a pris goût au pouvoir et au prestige que confère le pouvoir. Lui tout jeune encore, il n'a que 26 ans, jouit déjà dans la Sarthe de la considération d'avoir mis le pied dans la politique nationale à Paris. Et puis surtout la garde rapprochée de Joël Le Theule le désigne pour être l'héritier. Pierre Daguet, le premier adjoint de Sablé, a déjà 72 ans. René Paillet, le suppléant de Joël Le Theule à l'Assemblée nationale, bientôt 70 ans. Ce dernier aurait pu vouloir garder son poste de député lors des législatives de juin 1981. Il siège à l'Assemblée nationale depuis deux ans. Mais la politique n'est pas toute sa vie. Il est médecin ORL. Et le contexte politique n'est pas facile pour la droite. François Mitterrand sera élu président. La vague rose submergera la France. François Fillon a pour atout la jeunesse, et à ce titre, il incarne la filiation politique de son mentor. Les amis de Joël Le Theule l'adoubent. Il accepte enfin de reprendre le flambeau. Il met ses pas dans ceux d'un homme que tous ses administrés ont aimé et respecté. Finalement à travers sa mort, Joël Le Theule lui offre encore, sur un plateau d'argent, un très beau cadeau. François Fillon ne l'a jamais oublié.

Chaque année, début décembre, il se recueille devant sa tombe dans le cimetière de Sablé-sur-Sarthe, à quelques jours de la date anniversaire de sa mort. Un hommage qui dure depuis plus de 38 ans.

On aurait dû se méfier…
François Fillon a de trop belles mains.

Dans le langage subliminal, une chose frappe chez François Fillon. Pas ses yeux rieurs qui invitent à soulever le rideau de ses cachotteries. Pas ses épais sourcils broussailleux qui reflètent un tempérament ombrageux. Pas ses cheveux maintenant coupés court mais autrefois (et pendant longtemps) affublé d'une raie très contrôlée sur le côté. Non, ce qui trahit François Fillon, ce sont ses mains. J'ai rencontré l'ancien Premier ministre. Nous avions organisé mes confrères de BFM TV et moi un déjeuner *Chez Françoise* le 30 septembre 2013. Rendez-vous fut pris dans le salon privé au 1er étage du restaurant situé à deux pas de l'Assemblée nationale. Une très bonne table courue des parlementaires. François Fillon est en grande forme. Il nous explique ce jour-là que son seul adversaire pour 2017 sera Nicolas Sarkozy. Alain Juppé ? « Ce n'est pas un sujet », dit François Fillon. Il estime que l'ancien président sera plombé par certaines affaires et « qu'on ne peut être et avoir été ». Revanche du collaborateur et horizon dégagé pour la présidentielle. Comment l'ancien Premier ministre se voit il remporter la course avec un parti (à l'époque l'UMP) verrouillé par Jean-François Copé ? « Pas besoin de parti. Ils sont devenus des usines à fabriquer des gens médiocres. Si je remporte la primaire, l'UMP se mettra à mon service. Ma candidature se veut au-dessus des clivages gauche-droite. Je veux rassembler les Français pour sauver une France qui se casse la gueule ». Emmanuel Macron sort de ce corps ! Serions-nous tentés de dire à la lumière des événements. Et François Fillon d'ajouter : « Si je ne suis pas élu, fini la politique ! Un quinquennat pour sauver la France ou rien. Je ne veux pas faire de politicaillerie et être comme certains vieux qui s'accrochent ». C'est la première fois que François Fillon livre ainsi sa vision de son avenir politique à des journalistes. Il sera très en colère quand j'en parlerai le lendemain dans ma chronique politique sur RMC dans la matinale de Jean-Jacques Bourdin. Il insiste sur la posture sacrificielle de sa démarche, finalement toujours taraudé par le fait d'avoir laissé un pays au bord de la faillite après 5 ans passés à Matignon. Mais pendant qu'il parle de choses profondes et graves, François Fillon a une manie ! Il regarde souvent ses mains. Il joue avec elles, comme une femme le ferait pour se satisfaire de sa manucure. Il les contemple avec préciosité. Souvent les hommes se contentent de jeter un coup d'œil sur leurs mains, la partie supérieure des doigts et des ongles recroquevillés dans la paume. Pas François Fillon. Il les déploie franchement pour regarder ses ongles extrêmement soignés. Ses coquetteries ne tapent pas dans l'œil de mes camarades. Mais elles me mettent mal à l'aise. Ces belles mains accepteront-elles d'aller se salir dans le cambouis de la politique ? L'homme sait-il livrer le combat dans une bataille présidentielle qui est la plus sanglante qui soit ? Comment un homme doué d'une intelligence aussi tactique peut-il penser que les Français viendront à lui uniquement sur de belles idées et sur la plus noble qui soit : sauver la France ? L'homme aux trop belles mains ne rendra pas les armes pendant la campagne. Il affichera détermination et obstination. Mais il répugnera à s'occuper des contingences et de la logistique. Motiver les troupes, dire merci aux députés qui sillonnent la France pour sa campagne, renvoyer des ascenseurs, sans compter la façon de gérer l'affaire Penelope alors que le *Canard Enchaîné* fait savoir qu'il a mis les palmes sur de jolis poissons ! Défense absente. Et, dit l'adage, la meilleure défense est encore l'attaque… Mais François Fillon aux blanches mains répugne à se battre. Toute sa carrière politique, faite de circonstances subies ou choisies, l'a en quelque sorte « anobli ». Trop blanches mains pour les offrir aux électeurs, les toucher, les saluer. C'est cela aussi la politique.

La politique pour blason

Député à 27 ans, maire de Sablé à 30 ans, président du conseil général de la Sarthe à 38 ans, ministre pour la première fois à 39 ans, président de la région Pays de la Loire à 43 ans, sénateur et cinq ans Premier ministre. François Fillon a l'un des plus beaux palmarès d'élu de la Vᵉ République. S'il a été aidé dans ses jeunes années par le « Letheulisme », il saura faire preuve d'intelligence tactique pour remporter par la suite certaines élections locales. Ainsi, pour la présidence du conseil général de la Sarthe, il l'emporte contre toute attente face au favori le marquis Roland du Luart, 4ᵉ vice-président, au conseil depuis 13 ans. Une primaire les a départagés. 16 voix pour François Fillon, 14 pour Roland du Luart. Il propose alors à son adversaire le poste de premier vice-président. Il en fait ainsi son allié. Pour qu'au final Roland du Luart fasse son travail pendant qu'il est à l'Assemblée ? Conclusion tentante… Mais qu'importe, le rusé François Fillon fonctionnera toujours de la sorte. Ne pas dédaigner les alliances pour avancer. Sauf pour l'élection présidentielle. Ce sera l'une des causes de sa chute, nous le verrons. Mais comment le jeune homme gravit-il les échelons du pouvoir ? Une fois jeté (et un peu poussé) dans le grand bain de la politique, finit-il par s'investir dans son travail parlementaire ? Sitôt élu pour la première fois député en juin 1981, il part pendant l'été sillonner l'océan Indien avec Penelope. Il y a un temps pour tout chez François Fillon. Un temps pour la vie parlementaire, et un temps pour le calme, le luxe et la volupté. À sa décharge il est dans l'opposition, il n'est donc pas écrasé de travail et à l'époque l'Assemblée nationale siège pendant six mois. Les députés sont tranquilles pendant la période estivale. Quand il revient de vacances, est-il fer de lance pour des propositions de loi ? Des amendements ? A-t-il marqué l'histoire de l'Assemblée nationale à travers des batailles qu'il a menées ? En 1983, le jeune député de la Sarthe interpelle Charles Hernu ministre socialiste de la Défense. 58 parachutistes de l'armée française viennent d'être tués dans un attentat à Beyrouth. Il se distingue en accusant le gouvernement de double jeu : pleurer ses morts mais soutenir la Syrie et son allié soviétique qui aurait joué un rôle dans l'attentat touchant une force multinationale. Charles Hernu est sidéré par le culot et l'arrogance de François Fillon. J'ai retrouvé traces aussi de débats portant sur le budget de la défense. En 1981 et en 1982, années où le jeune député RPR est très offensif face à un rapporteur spécial nommé Jean-Yves Le Drian qui deviendra ministre de la Défense sous le quinquennat de François Hollande. François Fillon a toujours rêvé de ce ministère régalien qu'occupa son mentor Joël Le Theule. Nous l'avons vu précédemment, Jacques Chirac n'a pas voulu lui faire ce plaisir. Il héritera de portefeuilles ministériels qui l'enthousiasment moins mais qui sont importants : l'Enseignement supérieur et la Recherche en 1993, la Poste, les Télécoms et l'Espace en 1995, les Affaires sociales, le Travail et la Solidarité en 2003, l'Éducation nationale en 2005.

À l'Assemblée nationale, François Fillon sera président de la commission de la Défense Nationale pendant deux ans, entre 1986 et 1988. Il sera l'un des premiers à défendre l'idée d'une armée de métier. Il est réélu député dès le 1er tour en 1988. Un mois plus tôt, sa circonscription a pourtant voté François Mitterrand. Le jeune parlementaire est actif. Il rédige et défend des rapports sur les forces terrestres en 1988, 1989, et 1990. Il s'implique dans le projet de loi de programmation militaire en 1989, dépose une proposition de loi « tendant à la création d'une délégation parlementaire des exportations de matériel de guerre en 1990. Dans un tout autre domaine, il intervient aussi sur un projet de loi relatif aux appellations d'origine contrôlée. Dans le même temps il est maire de Sablé et conseiller général de la Sarthe. Il se fera élire président du conseil général de la Sarthe en 1992. Il travaille aussi aux côtés de Philippe Séguin au sein du groupe Les rénovateurs. Il le suivra dans son alliance avec Charles Pasqua.

À partir de 1993, sa vie parlementaire devient intermittente. Il est pour la première fois ministre de l'Enseignement supérieur et de la Recherche de 1993 à 1995. Mais quand il est de nouveau élu député en 1997, il est moins porté sur la vie dans l'hémicycle. Après la dissolution de l'Assemblée, être dans l'opposition au gouvernement de Lionel Jospin n'est pas très agréable. Il a déjà donné ! Toujours dans la roue de Philippe Séguin, président du RPR en 1999, il devient secrétaire national du RPR chargé des fédérations. Il réfléchit à un grand parti unique en 2000. Il en soumet l'idée à Jacques Chirac pour la présidentielle de 2002. Ce sera finalement Alain Juppé qui réalisera son rêve. Chirac réélu contre toute attente, Fillon le balladurien entre dans la cour des grands comme numéro 3 du gouvernement Raffarin, ministre des Affaires sociales, du Travail et de la Solidarité. Il est offensif sur la réforme des retraites mais que fait-il quand il conclut sa réforme ? Au lieu de convoquer la presse, il s'échappe et emmène son jeune fils Arnaud acheter une paire de chaussures ! Drôle de tempo ! Ah mais voilà que revient au galop l'adage de ne pas tout donner à la politique…

Y a-t-il des faits d'armes dans les réformes menées par François Fillon durant toutes ses années de ministre ? Lui si prompt à afficher de la fermeté, obtient-il des résultats ? En 1993, alors ministre de l'Enseignement supérieur et de la Recherche, il milite pour l'autonomie des universités. Mais sa loi est annulée. Pas de vague pour le gouvernement Balladur alors que se profile la présidentielle de 1995. François Fillon sera donc très heureux de la réforme des universités portée par Valérie Pécresse en 2007 au tout début de sa présence à Matignon. En 1995, en tant que ministre de la Poste et des Télécoms, il a la charge de privatiser France Télécom. La transformation du statut de l'entreprise publique passe en force avec le 49-3 à l'Assemblée nationale, mais sans heurts sociaux. En 2002, alors ministre des Affaires sociales, du Travail et de la Solidarité, il s'attaque d'abord aux 35 h. Mais la loi ne sera modifiée que sur un point : le calcul des heures supplémentaires. Le journal *Le Parisien* titrera : « Fillon : réforme facile ! » Son grand chantier : la réforme des retraites en 2003. Le terrain est miné. Depuis 1995 et un Alain Juppé mortifié d'être resté trop droit dans ses bottes, rien n'a été entrepris. François Fillon obtiendra la durée de l'allongement de cotisation : de 37,5 ans à 40 ans en 2008 mais le texte présente des faiblesses : le déséquilibre subsiste entre les salariés du public et du privé, les régimes spéciaux de la RATP, de la SNCF et de EDF perdurent. Aurait-il pu mieux faire ? Vu le contexte, le ministre ne s'en sort pas trop mal. 1 à 2 millions de Français ont manifesté dans la rue. François Chérèque le secrétaire général de la CFDT est allé directement négocier à Matignon avec Jean-Pierre Raffarin le dispositif

« carrière longue » qui permet à ceux qui ont travaillé jeune de partir plus tôt à la retraite. François Fillon est obligé de gérer en faisant bonne figure. Il n'était pas d'accord. Il juge la mesure trop couteuse. Mais l'essentiel est sauf : Jacques Chirac et Jean-Pierre Raffarin se félicite de la réforme, même si le Premier ministre reproche à François Fillon trop de prudence et de réserve.

Son dernier passage ministériel avant Matignon : l'Éducation nationale. Jean-Pierre Raffarin le trouve transparent. Sa grande réforme est celle du baccalauréat avec un contrôle continu et des épreuves ramenées à six. François Fillon pense que le pays est prêt pour une telle évolution mais les enseignants, les parents d'élèves et les lycéens sont en colère. Et le ministre ne sait pas les convaincre. En plus, Nicolas Sarkozy, le ministre de l'Intérieur, envoie les CRS dans les lycées. Et François Fillon assume le recours à la force. « Chaque fois qu'il y aura des blocages, il y aura déblocage » dit-il. Jacques Chirac le soutient jusqu'à ce que la contestation monte dans la rue. Quand elle atteint sa cote d'alerte pour le président, le ministre est obligé de suspendre sa réforme du bac. Camouflet suprême : le Conseil constitutionnel invalide ce qui reste de sa loi. Sous le quinquennat d'Emmanuel Macron, Jean-Michel Blanquer propose aujourd'hui les mêmes mesures que François Fillon pour réformer le bac. Changement d'époque. La contestation n'est plus dans la rue.

Le bilan des réformes de François Fillon est mitigé. Lui dira qu'il a chaque fois été « empêché ». Par Édouard Balladur, par Jean-Pierre Raffarin, par Jacques Chirac, plus tard par Nicolas Sarkozy... Il lui en restera un sentiment de gâchis et de frustration.

En 2003 il est en première ligne pour gérer le drame de la canicule. Le ministre de la Solidarité montre son habileté pour échapper aux mauvais coups et fuir la lumière. Il est le premier à revenir de vacances le 12 août et il reconnaît d'emblée les dysfonctionnements de l'État. Mais Jean-Pierre Raffarin l'accuse d'avoir tardivement réagi. Étonnement, les médias choisissent un autre responsable : le ministre de la Santé Jean-François Mattei. Et dans une moindre mesure Jean-Pierre Raffarin. François Fillon tout en esquive aura dès lors des relations tendues avec son Premier ministre.

On aurait dû se méfier...
Sa vie politique conforte son hédonisme.

Durant sa carrière ministérielle, François Fillon témoigne d'une véritable ambition pour moderniser son pays. Un parlementaire, qui a été ministre avec lui sous Jacques Chirac, me vante la qualité de sa connaissance des dossiers, notamment celui des retraites. Certes il n'y a pas de supplément d'âme chez François Fillon quand il négocie avec des syndicats. Il est techno, il suit ses notes. Mais il est efficace. Un autre ancien ministre, François d'Aubert, regarde sa longue vie politique en soulignant une rupture : quand il devient président du Conseil général de la Sarthe à 38 ans. Lui, l'ancien élu de la Mayenne, connaît bien cette terre voisine où les fortunes discrètes reposent sur un patrimoine foncier ou industriel lié à l'automobile. Le circuit du Mans et les 24 h ont un considérable pouvoir d'attraction économique. « François Fillon commence à changer de monde en devenant le patron de ce territoire. Le lien est plus fort que celui du député qui laboure sa circonscription et qui est élu pour voter des lois » me dit-il. François Fillon fréquente alors les représentants de la noblesse sarthoise et leur parle d'égal à égal comme avec le marquis du Luart qu'il a battu à la présidence du Conseil général. L'année suivant son élection, quand il devient pour la première fois ministre en 1993, il achète le manoir de Beaucé à Solesmes. Il faut au patron du département un écrin qui soit le reflet de son véritable statut. Sa vie n'est pas uniquement à l'Assemblée nationale ou sous les ors des ministères. Voilà enfin François Fillon duc d'Anjou ! Il peut jouer dans la cour des grands, rivaliser avec son ami le duc Henri de Castries. Le patron d'AXA possède un château à 30 kilomètres du manoir de Beaucé. Le château de Gâtine. L'imposante demeure du XVIe siècle est un pavillon de chasse où se réuniront François Fillon et sa garde rapprochée pour y esquisser les grandes

des pieds et des mains pour aller déjeuner dans un restaurant gastronomique… à Vintimille en Italie ! »

François Fillon est un sybarite. Fréderic Mitterrand parle d'un « sybaritisme caché » dans son livre *La Récréation*. Son hédonisme est conforté par sa vie politique. Le président du Conseil général de la Sarthe comme tout président de Conseil général a une voiture avec chauffeur, des maîtres d'hôtel… François Fillon était aussi en même temps maire et député ! Un cumul des mandats qui rapporte environ 10 000 euros par mois à l'époque. Le notable de la Sarthe a dû se dire qu'il avait bien fait de renoncer à une carrière et à un pauvre salaire de journaliste…

orientations du programme de la primaire dès 2013. « Je te ferai Roi », a dû penser Henri de Castries qui se rêvait Premier ministre.

Beaucoup avait vu son ambition nobiliaire. Patrick Stefanini : « Dans cette terre d'Anjou et de Mayenne, de nombreux députés étaient des nobles. François Fillon était l'un des premiers à ne pas porter de particule[1] ». En revanche, Henri Guaino, son ennemi intime, ajoute : « s'il voulait être noble, il n'en avait pas le système de valeurs. Pas de devoir vis-à-vis des autres, pas de noblesse d'âme et… pas d'honneur »[2]. Quant à François d'Aubert : « S'il avait voulu faire partie de l'aristocratie locale, il aurait épousé une noble, ce qu'il n'a pas fait en choisissant Penelope »[3]. Mais l'appétit vient en mangeant ! La véritable réussite de François Fillon : se construire patiemment une stature d'homme d'État, anobli par son statut de politique et s'accorder le train de vie qui va avec… Un député qui a connu François Fillon très jeune me contait cette anecdote : « On ne faisait pas attention au trentenaire Fillon. Mais lors des journées parlementaires du RPR en avril 1989 à Nice, je me souviens qu'il était venu draguer ma femme en lui disant : « Tu as vu mon costume, c'est du cachemire »… Et alors que nous étions très bien dans la capitale de la Côte d'Azur, François Fillon a fait

1. Entretien avec l'auteur, 20 avril 2018.
2. Entretien avec l'auteur, 6 février 2018.
3. Entretien avec l'auteur, 24 mai 2018.

Le châtelain

Que fait François Fillon quand il devient pour la première fois ministre (de l'Enseignement et de la Recherche) en 1993 ? Il achète un château ! Le manoir de Beaucé à Solesmes. Enfin, plutôt une bâtisse « si souvent agrandie au fil des siècles qu'on serait bien en mal de la dater avec ses quatre styles d'escaliers et ses neuf types de toitures différents », écrit Sylvie Bommel dans son ouvrage *Penelope*[1]. Jean de Boishue, vieil ami de François Fillon et ancien secrétaire d'État chargé de l'Enseignement supérieur, a été reçu au manoir de Beaucé. Avec beaucoup d'affection, lui, le descendant d'une grande famille aristocratique de « Russes Blancs », me parle de Beaucé comme d'un château « bidon », plutôt une gentilhommière des bords de Sarthe, un peu de bric et de broc. Mais désormais c'est le fief du ministre qui se rêve seigneur de la politique

1. Jean-Claude Lattès, 2017.

et seigneur tout court ! « Une vie seigneuriale de notable rural et de politique qui date d'un autre temps », écrit Jean de Boishue dans *Anti-secrets*. François Fillon aurait dû se souvenir de la phrase de Georges Pompidou à propos du château corrézien de Jacques Chirac : « Quand on prétend faire de la politique, on s'arrange pour ne pas avoir de château, sauf s'il est dans la famille depuis au moins Louis XV ». Mais chez François Fillon avoir un château ne pose pas de problème. Lui, fils de notaire, régularise l'importance qu'il s'attribue. « François Fillon c'est la petite noblesse de province qui veut tenir son rang, qui rêve d'une chevalière » me confie Jean de Boishue[1]. Pourtant, le Fillon politicien est fier de ses origines. Le fils de notaire raconte dans son livre *Faire* « descendre de fariniers, maçons, sabotiers, eux même issus d'une lignée d'humbles paysans ». Mais enfant dans le collège des Jésuites du Mans il n'a jamais oublié ce qu'il a vécu comme une humiliation : avoir moins d'argent de poche que la plupart de ses camarades. Des camarades dont pour certains les familles ont fait fortune dans l'agro-alimentaire ou ont depuis plusieurs générations de vrais châteaux dans la Sarthe.

1. Entretien avec l'auteur, 24 janvier 2018.

On aurait dû se méfier…
Ça coûte cher un château !

Le manoir de Beaucé est l'extension du moi de François Fillon. Il est capable de prendre tous les risques pour montrer que le bourgeois est devenu un noble de la politique et qu'il a réussi. Il n'hésite pas à poser dans *Paris Match* fin août 2013 avec son épouse Penelope, sa fille, son gendre et deux de ses fils. Le cliché très « seigneur de province » avec famille nombreuse qui fleure bon la droite aristocratique française. Penelope porte élégamment le chapeau de paille. Les photos et l'homme seront beaucoup moqués. Qu'importe pour François Fillon, par la politique, il acquiert ses lettres de noblesse dans la société. Il ouvrira son premier compte Twitter en se désignant @fdebeauce. N'oublions pas, ses amis se nomment Marc Ladreit de Lacharrière et Henri de Castries…

Mais l'entretien d'un manoir n'est pas réservé à n'importe quelle bourse ! Même si ce n'est pas un vrai château… Imaginez : 1 100 mètres carrés de surface habitable, de grandes pièces de réception lambrissées, deux bibliothèques, un bureau, une cuisine, une arrière cuisine, 14 chambres… Et sur 12 hectares de terrain : une chapelle à pignons du XIXe siècle, un colombier, un abri de pêche, une ferme et des dépendances. Soit 2 000 mètres carrés supplémentaires, plutôt en mauvais état au moment de l'achat. Les Fillon acquièrent le manoir en 1993 pour près de 3 millions de francs, 440 000 euros. L'opération a tout du gouffre financier. Il faut ajouter à l'investissement, le coût de l'entretien estimé par les professionnels à 2 000 euros par mois, en dehors des dépenses exceptionnelles ! Sans compter quelques frais de personnel, et les travaux de transformation... Pour François Fillon, homme secret, c'est paradoxalement une façon d'être vu. Pour Penelope, c'est au contraire le lieu idéal pour se cacher. Elle ne tient pas à vivre dans un appartement de fonction à Paris avec quatre enfants. Le manoir est aussi l'endroit rêvé pour assouvir sa passion : les chevaux. Elle achète deux pur-sang anglais et se lance dans l'élevage. Les nouveau-nés sont baptisés Quickstep de Beaucé, Rafferty de Beaucé, Onyx de Beaucé. Elle les dresse et les inscrit à des concours complets avec saut d'obstacle et cross. Si l'élevage rapporte, l'équitation reste une onéreuse passion.

Quand François Fillon redevient député en 1997, après la dissolution de l'Assemblée nationale, que fait-il ? Il réembauche Penelope comme assistante parlementaire. Une reprise de travail à plein temps qu'elle réussit apparemment à concilier avec l'élevage des chevaux et une nouvelle grossesse à 45 ans. Le petit Arnaud, dernier de la fratrie, né en 2001. Il est manifeste que le salaire de député ne permet pas d'assumer leur train de vie. Il faut absolument que François Fillon utilise toutes les ressources annexes attribuées aux parlementaires et normalement dévolues à ses collaborateurs.

Quand l'affaire du « Penelopegate » éclatera et révélera son addiction à l'argent, de nombreux collaborateurs de François Fillon penseront : « Le manoir coute cher ! » Très peu ont eu l'honneur d'être invités dans la grande demeure. Mais ceux qui le furent se souviennent d'un intérieur chaleureux avec une cuisine dotée d'une grande cheminée et d'une rôtissoire. Ils furent surtout marqués par l'ampleur des dépendances, des communs : la chapelle privée, les écuries, la ferme et le pigeonnier près de la Sarthe. Ça fait beaucoup de mètres carrés de toitures à entretenir ! Sans compter le chauffage qui doit coûter pour l'ensemble un prix exorbitant. Sept tonnes de granulés de bois sont nécessaires chaque année.

François Fillon a acheté un manoir pour « faire » châtelain. Il n'a pas eu le temps d'acheter une particule comme l'a fait le père de Valéry Giscard, qui eut le choix entre *d'Estaing* et *de la Tour Fondue*. Heureusement son choix ne s'est pas porté sur le deuxième patronyme. Difficile pour son fils de se faire élire président avec le nom de famille : « Giscard de la Tour Fondue » ! François Fillon commence désormais un lignage et un patrimoine à travers ses enfants. Il marie son fils Charles le 20 juillet 2013 à Lamballe. Le quotidien *Ouest-France* relate l'événement. Mariage de Charles Fillon avec Laure de la Bretesche, fille de Bertrand Jousseaume de la Bretesche et de Brigitte de La Croix de Ravignan. Des particules à nous donner le tournis ! La fête se déroule ensuite au château de la Roche-Goyon, propriété appartenant aux parents de la mariée à Noyal près de Lamballe. Un vrai château !

Brouille dans son esprit et dans son ambition politique. François Fillon s'est sans doute vu François 1er de Beaucé plutôt que François Fillon à l'Élysée… En 2017, pendant la campagne présidentielle, n'avons-nous pas vu s'élaborer sous nos yeux la compétition entre l'aristocratie royale que voulait incarner François Fillon, le jeune Emmanuel Macron qui se voyait Bonaparte paraphrasant Victor Hugo : « Rome remplaçait Sparte et déjà Napoléon perçait sous Bonaparte », tandis que Mélenchon tel Robespierre en appelait aux Sans-Culottes ?

Ambiguïtés

Se méfier de la primaire, surtout quand elle est réussie !

Longtemps François Fillon prêcha dans le désert. Sa voix portait, mais peu croyaient en ses chances. Lui pensait que son discours entrait enfin en résonance avec les attentes d'une France affligée par cinq ans de hollandisme. Avec patience et une discrétion qui n'était pas pour lui déplaire, il sillonnait le pays, les villes, les vallées, les bourgs. La primaire ouverte, c'est lui qui l'enfanta en négociant sa tenue avec Jean-François Copé contre la fin des hostilités pour la présidence de l'UMP en 2012. Et ce fut avant tout une rencontre avec lui-même. Enfin une attitude de vie qui lui ressemble ! Celle d'être farouchement attaché à sa liberté. Celle d'entreprendre, sans entrave. Celle de proclamer, sans être importuné politiquement. Et il fut laissé tranquille pendant des mois. Nicolas Sarkozy et Alain Juppé ne lui prêtaient aucune attention. Bruno Le Maire se voyait déjà en haut de l'affiche. François

Fillon fut sous-estimé. Alors, quand à quinze jours du premier tour, sa cote gagne 9 points pour atteindre 20 % des intentions de vote, sa jubilation est immense. Une telle progression en si peu de temps, de mémoire de sondeurs c'est du jamais vu ! Dès le soir du premier tour, le 20 novembre 2016, c'est la consécration. Nicolas Sarkozy est balayé, Alain Juppé est humilié. Le 27 novembre, victoire écrasante avec 66,5 % des voix, 33,5 % pour Alain Juppé. Une participation au-delà des espérances : 4 millions 380 mille votants. Un raz-de-marée électoral. François Fillon arrive en tête dans tous les départements hormis la Gironde, la Corrèze, la Guyane, la Polynésie Française et Wallis-et-Futuna. Il prend la parole et assène : « Pendant trois ans, j'étais seul. La victoire me revient. C'est une victoire de conviction ». C'est un peu rude pour les fillonistes qui ont pris leur bâton de pèlerin pour convertir les Français à sa cause. Mais le vainqueur de la primaire a raison. Il était seul car personne dans sa famille politique ne l'attendait. Il était comme le cousin de province, bien mis, bien peigné, mais trop discret pour être considéré. Pourtant, pendant la campagne, il brille sur les plateaux de télévision et marquent des points. Sa connaissance des dossiers, la solidité de ses convictions, l'austérité affichée et sa pondération le révèlent aux yeux des Français. Mais chez les Républicains, au soir du 27 novembre, il faut se résoudre à prêter allégeance à un solitaire qu'au fond bien peu connaissent.

Alors dès le lendemain de la victoire portée par l'euphorie et la satanée litanie du « rassemblement de la droite », des choix intrigants furent faits. Nommer Thierry Solère porte-parole de la campagne pour la présidentielle, quelle idée ! François Fillon le convoque le lendemain de sa victoire. Il l'a vu chez Laurent Ruquier dans l'émission « On est pas couché » où il vaut mieux ne pas être fait de bois tendre pour s'imposer. Mais l'organisateur de la primaire n'a pas lu une ligne du programme de François Fillon ! Par ailleurs, très vite les fillonistes historiques comme Jean de Boishue sont marginalisés. La plupart ont leur nom dans l'organigramme de campagne bien sûr, mais ils sont dépassés par ce qui se joue en coulisse : la bataille des places pour être incontournable sous le futur règne de François Fillon ! Bruno Le Maire se voit au quai d'Orsay, Henri de Castries à Matignon ou au ministère des Finances. Quant à Patrick Stefanini, le directeur de campagne, il rêve du secrétariat général de l'Élysée. Il comprend que le poste reviendrait à Antoine Gosset-Grainville, ancien directeur de cabinet adjoint de François Fillon à Matignon. Le vainqueur de la primaire connait lui un luxe inouï. Celui de ne plus rêver sa vie. Il est déjà à l'Élysée.

On aurait dû se méfier… Les pièges de la primaire. Nicolas Sarkozy et Alain Juppé n'ont pas compris la primaire ouverte.

« *Timeo Danaos et dona ferrentes* », dit Laocoon dans l'*Énéide* de Virgile. « Je crains les Grecs, même lorsqu'ils font des cadeaux » : une référence au cheval de Troie qui permet à Ulysse et à ses hommes d'entrer dans la ville et de la faire tomber. François Fillon comprend bien en négociant une primaire ouverte en 2012 qu'elle sera son cheval de Troie pour l'emporter chez les Républicains et au-delà de sa famille politique. Paradoxalement, à lui le vainqueur, comme à Alain Juppé et à Nicolas Sarkozy, elle n'a pas fait de cadeau.

Une primaire ouverte, par essence, c'est la mort des partis politiques. Les Républicains comptent 160 000 militants. 4 millions 380 mille personnes se sont déplacées pour voter à la primaire en novembre 2016. Le militant se sent à juste titre dépossédé de son choix. Le candidat porte un programme qui va au-delà du simple logiciel du parti. François Fillon pense durant cette campagne comme Emmanuel Macron : les partis sont finis et ne produisent que de la médiocrité. François Fillon réussit ce coup de maître d'incarner profondément les aspirations de la droite traditionnelle française : le conservatisme sociétal et le libéralisme économique. Nicolas Sarkozy aura commis l'erreur de ne s'adresser qu'aux militants de base des Républicains. Sa trajectoire est celle de l'ancien monde. Il est un produit du RPR et de l'UMP où pour devenir président de la République on a forcément le parti pour marchepied. Nicolas Sarkozy ne pouvait penser autrement : « Je suis le chef des Républicains. Donc je vais être élu ». Sa campagne ressemblera à celle de 2012 avec un parfum de revanche. Pour lui, François Hollande est un accident de l'histoire. Au soir du 1er tour de la primaire, ne recueillant que 20,67 % des suffrages, Nicolas Sarkozy se montre beau joueur. Il reconnaît sa défaite, esquisse élégamment son retrait et soutient François Fillon « qui lui paraît avoir le mieux compris les défis qui se présentent à la France ». Nicolas Sarkozy clôt ainsi sa vie politique.

Alain Juppé se montrera lui très mauvais joueur. Il se maintient pour le 2e tour alors qu'avec 28,56 % des voix contre 44,08 % pour François Fillon, le match semble plié. Il ne progressera que de cinq petits points dans l'entre-deux-tours et se retrouvera sonné sur le ring à 33,5 % contre 66,5 % ! Il est bien plus touché par la défaite que Nicolas Sarkozy. Il faut bien comprendre sa hargne qui confinera à la méchanceté. Le 20 novembre 2016 au soir, il sait qu'il ne sera jamais président de la République. Il vient de rater le dernier train pour l'Élysée. Il a déjà manqué ceux de 1995, et de 2007… Sa campagne de la primaire lui ressemblait. « Je suis le meilleur d'entre vous », selon la célèbre formule de Jacques Chirac, donc forcément vous allez me suivre… Mais les électeurs ne l'ont pas suivi… Son identité heureuse n'a pas fait rêver. Comble de l'humiliation sur le plan de la personnalité, il est battu par celui qu'il a toujours considéré comme un outsider. Un figurant. Un deuxième rôle. « Ce n'est pas possible, les Français se sont trompés » a-t-il dû murmurer dans son for intérieur. Alors Alain Juppé se montrera très agressif dans l'entre-deux-tours de la primaire. Le débat sera d'une grande violence pour François Fillon. Le maire de Bordeaux l'attaquera sur le flou qui entourerait sa position sur l'avortement. À quoi bon aller sur un tel sujet si ce n'est pour faire passer son adversaire pour un vieux conservateur ? Et donner ainsi du grain à moudre plus tard à un Emmanuel Macron… Par la suite, les juppéistes auront une place dans l'organigramme de la campagne présidentielle de François Fillon mais jamais Alain Juppé n'aidera le candidat de la droite à mener la bataille. Rêvait-il vraiment d'être le plan B du Trocadéro même si ses proches tenteront de le convaincre de remplacer François Fillon ? Il jettera l'éponge, la mort dans l'âme, sachant que lui aussi verrait revenir du passé des affaires qui l'affaibliraient. Sa condamnation dans l'affaire des emplois fictifs de la mairie de Paris bien sûr, mais aussi le loyer trop modique accordé à son fils pour un appartement de la ville situé rue Jacob dans le très chic 6e arrondissement. Une histoire vieille de presque trente ans… Et puis sur le plan politique, il rêve d'être plus qu'un plan B. Il aurait voulu être le plan A ! Reprendre le flambeau de la droite mais à condition que toutes les sensibilités le réclament. Et en premier lieu les sarkozystes. Le jour du Trocadéro, il manque de s'étrangler en voyant François Baroin jouer placé derrière François Fillon. François Baroin et Alain Juppé se détestent. Le maire de Bordeaux voit définitivement son rêve élyséen s'envoler. Il est désormais prêt à tout pour faire payer les militants et la droite de ne pas l'avoir choisi. Le lendemain du Trocadéro, il dénonce une « droite radicalisée », il estime que le pays a besoin de changement et de jeunesse. Il reconnaît qu'il n'a pas ces qualités. Alors, il sera l'artisan d'une éloquente trahison : une semaine avant le premier tour, il rencontre en secret Emmanuel Macron[1]. Le futur président lui demande sa bénédiction pour nommer Édouard Philippe à Matignon. Alain Juppé acquiesce bien sûr. L'avenir n'est plus chez les Républicains. Le maire de Bordeaux a définitivement trahi son camp.

François Fillon ne sait pas gérer et capitaliser sur sa victoire

Deux grands fauves politiques quittent l'arène au soir du 27 novembre 2016. Et à quoi pense François Fillon dans son intense jubilation de les avoir terrassés ? À accrocher leurs trophées dans la grande salle

1. Propos rapporté par l'ancienne proche d'Alain Juppé Virginie Calmels dans son ouvrage *J'assume*, éditions de l'Observatoire, 2018.

de ses rêves assouvis. « Je les ai eus, eux qui m'ont tant humilié, si peu considéré ! » « Je n'ai pas besoin d'eux pour gagner la présidentielle ». François Fillon a même été plus explicite auprès de son directeur de campagne Patrick Stefanini quand ce dernier s'interrogeait sur un renfort bienvenu de Nicolas Sarkozy et d'Alain Juppé : « Surtout pas ! Ils vont me faire perdre des voix ! » s'est exclamé le candidat. D'après les confidences recueillies auprès de Patrick Stefanini[1], François Fillon ne voyait aucun intérêt à se rapprocher d'Alain Juppé vu le score qu'il avait fait à la primaire. Ni de François Bayrou. Le centrisme à la mode bordelaise accommodé d'un peu de Béarnais, très peu pour lui. Et pourtant Emmanuel Macron a gagné l'élection présidentielle grâce aux cinq points apportés par François Bayrou. Pourquoi était-ce si compliqué pour François Fillon de raisonner en termes d'alliance ? Un an après la défaite, Bruno Retailleau l'ex-bras droit de François Fillon confesse un regret dans *Le Point*[2], celui « de ne pas avoir convaincu Alain Juppé de les rallier au soir du premier tour de la primaire. C'est peut-être nous, fillonistes, qui avons manqué cette occasion ». François Fillon n'aurait pas dû rester enfermé dans un sentiment de vengeance. Dès le lendemain de sa victoire, il aurait dû aller à Bordeaux tendre la main à Alain Juppé, s'afficher avec lui, couper l'herbe

1. Entretien avec l'auteur, 20 avril 2018.
2. *Le Point*, 19 avril 2018.

sous le pied de son ressentiment. L'humilité plutôt que l'orgueil, c'est une vertu en politique. François Fillon ne rendra visite au maire de Bordeaux que le 26 janvier. Visite d'autant plus crispée que vient de paraître le *Canard Enchaîné* accusant le candidat d'avoir salarié son épouse dans des conditions irrégulières. Quant à Nicolas Sarkozy, il fait connaître son courroux de ne pas être traité comme il se doit. Il fait passer le message par son directeur de cabinet Michel Gaudin. Les deux hommes déjeuneront le 15 février rue de Miromesnil dans les bureaux de l'ancien président. François Fillon finira par reconnaitre qu'il aurait dû prendre l'initiative du rendez-vous. Encore une occasion manquée de resserrer les fils de sa famille politique. On ne gagne pas seul une élection présidentielle ! Et que dire de la façon d'appréhender François Bayrou ! Même si le centriste est honni par une partie de la droite depuis sa trahison de 2012, ne fallait-il pas le courtiser pour gagner ? Emmanuel Macron a très tôt entrepris de prendre contact avec le Béarnais. En septembre 2016. Trois mois avant la primaire de la droite ! Gérard Collomb le ministre de l'Intérieur a avoué que l'approche avait lieu chaque semaine dans le bureau de Jacqueline Gourault, qui était à l'époque sénatrice. C'est une proche de François Bayrou, désormais ministre de la cohésion des territoires et des relations avec les collectivités territoriales. Plus prosaïque, François Bayrou a confié dans le documentaire *Le Dynamiteur* du journaliste David

Doukhan qu'il était très simple d'aller prendre le petit déjeuner chez Emmanuel Macron. Ils habitaient à l'époque l'un en face de l'autre rue Clerc dans le 7e arrondissement de Paris. Et pourtant François Bayrou ne s'était pas gêné pour critiquer Emmanuel Macron ! Début septembre 2016 il étrillait « le candidat des forces de l'argent ». Il estimait qu'il était « un hologramme ». Il ne se reconnaissait pas dans son programme « qui ressemblait à celui de Nicolas Sarkozy en 2007 ». Pendant ce temps, François Fillon lui n'imagine pas une seule seconde avec qui gagner. Christophe Billan[1], l'ancien président de Sens Commun[2], en coulisse pendant la campagne, lui reconnaît une faiblesse : « Il a cru que parce qu'il était François Fillon cela suffisait, son parcours suffisait, sa cohérence suffisait, son programme suffisait. Il mésestimait les codes de la communication ». Mais l'attitude du candidat de la droite dépasse le simple problème de communication. François Fillon est-il capable d'aller vers les autres ? Pendant trente ans, il a fréquenté les mêmes gouvernements, les mêmes couloirs de l'Assemblée nationale que François Bayrou et ils ne sont pas capables de se passer un coup de fil. Pire, Patrick Stefanini me relate cette scène[3] où François Fillon

1. Entretien avec l'auteur, 14 avril 2018.

2. Mouvement politique de droite issu de *La Manif pour tous*, né en 2013.

3. Entretien avec l'auteur, 20 avril 2018.

lui demande d'appeler le sondeur Brice Teinturier. Le candidat doit rencontrer François Bayrou (un mois avant son ralliement à Emmanuel Macron) et veut savoir s'il est plus intéressant pour lui que le centriste soit candidat ou non. Patrick Stefanini relate l'anecdote pour souligner que François Fillon n'envisage même pas un partenariat gagnant-gagnant avec François Bayrou. Pourtant, en homme politique voulant arriver à ses fins, il aurait dû se souvenir de la fable du Corbeau et du Renard de Jean de La Fontaine. Il aurait pu s'adresser à François Bayrou en lui susurrant : « Vous êtes le phénix des hôtes de ses bois » et aller jusqu'à lui faire miroiter Matignon. Ce qu'a fait Emmanuel Macron ! Mais non, rien de poétique entre les deux hommes. Il y eut bien une rencontre, mais François Bayrou avait déjà vendu son âme au plus offrant. Arnaud de Montlaur un ami proche de François Fillon qui a levé des fonds pour sa campagne me rétorque[1] : « François Fillon n'est pas prêt à tout pour gagner. Et surtout il n'est pas prêt à raconter n'importe quoi à un interlocuteur, fût-il le maire de Pau. Les fadaises ce n'est pas son genre ! De toute façon, François avait déjà son gouvernement en tête. Et François Bayrou n'était pas dedans ». Caracolaient en tête de la précieuse liste les noms de Bruno Retailleau, Henri de Castries, Antoine Gosset-Grainville…

1. Entretien avec l'auteur, 17 mai 2018.

Un membre des Républicains me fit remarquer que l'approche de Jean-Louis Borloo fut tout aussi déconcertante que celle de François Bayrou. Pas de ligne directe malgré trente ans de vie politique commune. Des parlementaires et Anne Méaux[1] la directrice de la communication de François Fillon serviront d'intermédiaires. « C'est curieux d'être si seul, d'avoir tissé si peu de lien pendant une vie politique si longue. Les autres ne l'intéressent pas », me dit mon interlocuteur. Il y aura ainsi ce déjeuner relais entre Jean-Louis Borloo, Patrick Stefanini et Thierry Solère le 24 janvier 2017. L'ancien ministre se fait expliquer le programme de François Fillon par le directeur de la campagne et le porte-parole. Tous deux espèrent son renfort politique et médiatique. Jean-Louis Borloo est hésitant. Il souligne l'absence de mesures « populaires ». L'après-midi, il voit enfin le candidat. François Fillon n'aura pas la tête à l'écouter. Il découvre sur son téléphone les infos du *Canard Enchaîné* sur les salaires présumés fictifs de Penelope. Jean-Louis Borloo comprend que de gros problèmes surgissent dans la campagne. Il observe le taiseux Fillon extrêmement préoccupé. La conversation n'est pas constructive. Jean-Louis Borloo n'accablera pas le candidat.

1. Présidente d'*Image 7*, société de conseil en communication.

Val d'Isère plutôt que le projet politique

François Fillon voulait-il vraiment gagner l'élection présidentielle ? Non seulement le candidat choisit de rester seul pendant sa campagne, sans même envisager ce que les autres lui apporteraient, mais moins d'un mois après sa victoire à la primaire, il part... au ski pour les fêtes de Noël ! Il néglige les premières faiblesses qui se cristallisent autour du programme santé. Le 18 décembre 2016, François Fillon, déjà, ne capitalise pas sur sa victoire. Selon un sondage IFOP, 55 % des Français pensent qu'il remportera l'élection présidentielle mais 62 % se disent inquiets de son programme. Le 20 décembre 2016, pour la première fois, Emmanuel Macron est jugé plus populaire que François Fillon. 35 % d'opinions favorables (sondage Odoxa) pour le candidat d'En Marche, 31 % pour le candidat des Républicains qui perd six points. Et il n'est pas encore parti au ski ! La riposte aurait dû être immédiate. À l'approche de Noël, l'étoile Macron est en train de se lever pour guider non les Rois mages mais les Français. François Fillon ne voit pas le danger. Son équilibre passe par la gestion de son hédonisme. Il considère que la mise à distance de la politique est une force. Le plus dur commence pourtant dans sa campagne. Est-ce bien sérieux de prendre une dizaine de jours de vacances ? Et s'il s'était cassé une jambe en dévalant les pistes enneigées ? Aucun conseiller ne s'est risqué à le dissuader de bouder son plaisir. Pourtant faire campagne avec un plâtre, c'eût été une mission impossible ! Et quelle image aurait donné un candidat claudicant... Mais François Fillon a préféré profiter du domaine skiable de Val d'Isère. Les Français patienteront comme Nicolas Sarkozy et Alain Juppé pour être convaincu de sa furieuse envie d'entrer à l'Élysée.

Une anecdote en dit long sur l'état d'esprit de François Fillon à Val d'Isère. Le candidat passe la fête de Noël dans le luxueux chalet de son ami Marc Ladreit de Lacharrière, selon les confidences de Thierry Solère[1]. A-t-il oublié le *Fouquet's* et le yacht de Vincent Bolloré dont le parfum de luxe et de volupté poursuivirent Nicolas Sarkozy pendant tout son quinquennat ? Le 26 décembre au matin, Thierry Solère en tant que porte-parole de la campagne est l'invité de l'interview politique de RTL. Une seule actualité prime après les célébrations de la Nativité : la résolution du Conseil de sécurité de l'ONU condamnant l'extension de colonies juives en Cisjordanie. Une première depuis trente-six ans. Un signal politique fort mais symbolique. Les États Unis se sont abstenus. La France, comme les autres pays, a voté le texte. La veille de l'interview, le jour de Noël, Thierry Solère envoie un texto à François Fillon pour savoir quelle est sa position sur un sujet aussi crucial. « Y a-t-il des consignes particulières ? »

1. Entretien avec l'auteur, 8 juin 2018.

Le candidat lui répond qu'il fait bien de le consulter et qu'il lui enverra la réponse dans la soirée par courriel. Quand la position de François Fillon s'inscrit sur l'écran de son ordinateur, Thierry Solère manque de tomber de sa chaise. Il lit : « Si j'avais été Président de la République, jamais la France n'aurait voté cette résolution ». Le porte-parole est médusé. « François Fillon refuse de condamner la colonisation sauvage ! Ce n'est pas possible ! Tous les pays ont voté la condamnation ! » Thierry Solère appelle alors Patrick Stefanini le directeur de campagne, puis Bruno Le Maire en charge des Relations Internationales pendant la campagne. Que dire le lendemain matin sur RTL ? Les esprits s'échauffent. Bruno Le Maire ne comprend pas la position de François Fillon. Il l'appelle. Les deux hommes ont une conversation houleuse. Bruno Le Maire essaye de ramener le candidat à la raison diplomatique. Finalement François Fillon appelle Thierry Solère. « Bon j'entends que vous vous agitez. Tu en penses quoi, toi ? » Le porte-parole, surpris, répond qu'il n'est pas un spécialiste de ces questions. François Fillon réitère que « lui Président de la République, la France n'aurait pas voté cette résolution ». Nouveau coup de fil de Thierry Solère en plein désarroi à Bruno Le Maire : « La France ne peut pas être le seul pays au monde à ne pas condamner la colonisation juive ! » Bruno Le Maire rappelle François Fillon. Tous les protagonistes de cette tempête se retrouvent à minuit passé le soir du 25 décembre à ferrailler.

Minuit et demi, le coup de grâce de cette histoire : le SMS de François Fillon à Thierry Solère : « Fais au mieux demain matin ! ». François Fillon s'en lave les mains comme Ponce Pilate ! Thierry Solère me confie : « je me dis à ce moment-là que la campagne va être compliquée ». Le 26 décembre au matin, le porte-parole naviguera à l'antenne de RTL pour rester dans le flou, contournant la position de François Fillon. « La résolution de l'ONU n'était pas une priorité. Tous les efforts de la communauté internationale devraient porter sur la lutte contre le terrorisme islamique », dit Thierry Solère. Tout un soir de Noël à phosphorer pour ça ! Insoutenable légèreté de François Fillon.

La campagne d'un homme seul.

Il y a deux catégories de personnes dont ne peut se passer un président de la République : les sondeurs et les journalistes. Nicolas Sarkozy raffolait des premiers et s'évertuait à séduire les seconds. Mais François Fillon ne s'intéressait pas aux sondeurs et détestait les journalistes. C'est problématique quand on veut se faire élire ! Ainsi en avril 2018, les journalistes signalèrent la couteuse communication du candidat de la droite à la présidentielle : 509 952 euros dépensés en « conseil en communication », loin devant Jean-Luc Mélenchon (224 168 euros) et Emmanuel Macron (219 780 euros). Il faut encore ajouter un budget de 199 320 euros consacré aux sondages et études d'opinion. Jusqu'aux révélations du *Canard Enchaîné*, le 24 janvier 2017, le budget sondage est utilisé avec parcimonie. Les interventions publiques de François Fillon sont rarement testées. Mais ensuite changement de cap, l'impact du passage de l'ex-Premier ministre dans les médias est méthodiquement mesuré. Et les enquêtes se focalisent sur les réactions à « l'affaire Fillon ». On imagine un candidat inquiet, subitement gourmand de sondages pour se rassurer sur son avenir présidentiel tant sa stature est abimée. « Pas du tout ! me dit Patrick Stefanini[1], c'est moi qui commandait tous les sondages. François Fillon se fichait complètement des études d'opinions. Ça ne l'intéressait pas ». Pourquoi si peu de curiosité et d'appétence pour ce qui relève de la science de l'opinion ? Parce que François Fillon n'oublie pas que tous les sondeurs l'ont sous-estimé pendant la primaire. Il a gagné ! Après avoir entendu pendant des mois qu'il était loin derrière Nicolas Sarkozy et Alain Juppé. Ils se sont tous trompés dans leurs prévisions ! Même s'ils ont vu juste dans la remontée les trois dernières semaines. Alors les sondeurs, les instituts et les études sur l'impact de sa personne pendant « l'affaire Fillon », très peu pour lui !

Quant aux journalistes, François Fillon aura dépensé beaucoup d'argent pour les éviter en fin de campagne. 50 000 euros de jet privé les quinze derniers jours. Même si le candidat enchaînait les meetings, il faut arriver à justifier la pertinence d'un vol en avion privé pour trois déplacements dans la même journée : Paris-Le Bourget-Calais, Calais-Lille et Lille-Paris facturés 8 990 euros. « Il avait peur de tout, dit un ancien de la campagne. Il ne voulait pas

1. Entretien avec l'auteur, 20 avril 2018.

croiser la presse et rencontrer les Français ». La mise à distance des journalistes est l'une des marques de fabrique de François Fillon. Par peur d'être démasqué ? De tomber sur la Une : « Monsieur François, Docteur Fillon ? » Sa discrétion médiatique lui apporta une belle popularité quand il était Premier ministre. L'exact contrepoint de Nicolas Sarkozy. Il reposait et rassurait les Français. Mais pour être élu président de la République, ne faut-il pas leur offrir une histoire à écrire ensemble ? Il n'y a pas eu d'histoire d'amour entre François Fillon et les Français. Pas de « fillonmania », pas de coup de foudre, même pas une passade ! Jacques Chirac et Nicolas Sarkozy sortaient galvanisés d'un meeting. Comme des *rockstars*, la foule, les gens, les militants étaient leur bain de jouvence. François Fillon ne se donne pas. Il répugne à serrer les mains. Il n'aime pas les selfies. Il n'improvise pas dans ses discours. Pas d'envolée, ou alors bien écrite par sa fidèle plume Igor Mitrofanoff. À quinze jours du premier tour de l'élection présidentielle, porte de Versailles, à Paris, le candidat de la droite va même jusqu'à assumer de ne pas être aimé : « Je ne vous demande pas de m'aimer. Je vous demande de me soutenir. Il ne s'agit pas de choisir un copain. Il s'agit de choisir un président. Et à travers lui le destin que nous voulons offrir à la France ». Pendant ce temps-là, Emmanuel Macron s'époumone tel un télévangéliste pour dire aux Français : « je vous aime » et il donne l'impression de marcher sur l'eau.

Le soir de sa victoire, le 7 mai 2017, il susurre à la foule rassemblée dans la cour du Louvre : « Je vous servirai avec amour ». François Fillon ne mélange pas les sentiments et la politique. Énigme d'un homme seul au milieu des autres. Peut-on faire de la politique en méprisant les journalistes dans un monde médiatisé à l'extrême ? Peut-on faire de la politique sans aimer les gens ? Sans vouloir les emmener marcher sur l'eau ? Non. Et le manque de foi entraîne la noyade.

Les limites d'un homme seul

« François Fillon n'est pas seul ! Il a toujours été très soutenu par les parlementaires quand il était Premier ministre », me dit un filloniste. Il y eut un état de grâce avec les députés et les sénateurs pendant cinq ans. Mais il concède que « les élus n'aimaient pas beaucoup Nicolas Sarkozy. Ils avaient trouvé en François Fillon un homme de substitution ». L'aimaient-ils vraiment ? Le connaissaient-ils vraiment ? Les fillonistes revendiqués n'ont jamais été bien nombreux. En 2016 ceux qui veulent jouer un rôle politique de premier plan ne sont pas les fantassins de 2012. Et ils ne sont pas fillonistes. Ainsi, quelques mois avant la primaire, une poignée de ces élus ambitieux décident de se retrouver une fois par trimestre dans un restaurant espagnol : le Bellota-Bellota, non loin de l'Assemblée nationale.

Ils appartiennent à la même classe d'âge. Autour de Thierry Solère qui sera l'organisateur de la primaire, Franck Riester, Bruno Le Maire surnommé « Bob », Gilles Boyer. Ils ont une sensibilité chiraco-juppéiste. Mais d'autres les rejoignent. Le sarkozyste Gérald Darmanin, Sébastien Lecornu et Jean-Louis Borloo. Parfois Édouard Philippe partage leurs agapes. Mais pas un filloniste dans le groupe ! Tous pensent qu'Alain Juppé va remporter la primaire. Ils se prennent à rêver et contactent de hauts fonctionnaires pour travailler au fonctionnement du futur appareil d'État. Mais c'est la douche froide. François Fillon l'emporte. C'est même un triomphe pour le candidat qu'ils n'avaient pas vu venir. On imagine leur déception ! Ils se rangent aussitôt sous la bannière du nouveau chef mais le soutiennent du bout des lèvres. Tous veulent faire gagner la droite et le parti des Républicains. Mais le candidat pourra-t-il compter sur eux ? 48 h après la victoire, François Fillon savoure son premier bureau politique. En face de lui cent dix ténors de la droite, dont dix fillonistes tout sourire. Les sarkozystes et les juppéistes portent le deuil de la défaite. Intense moment de jubilation. Le candidat de la droite à la présidentielle regarde tous ceux qui lui ont craché dessus et qui sont aujourd'hui obligés de venir lui manger dans la main. Il remanie l'organigramme. Nomme Bernard Accoyer secrétaire général des Républicains en lieu et place de Laurent Wauquiez dont il se méfie. Gérard Larcher prend la tête d'un comité politique. Les sarkozystes ne sont pas mal lotis. Gérald Darmanin, ancien coordinateur de la campagne de Nicolas Sarkozy pour la primaire hérite du poste de secrétaire général adjoint. Les juppéistes sont oubliés, à part Benoist Apparu et Virginie Calmels, l'adjointe au maire de Bordeaux. Aucun rôle pour Jean-Pierre Raffarin, Hervé Gaymard, ou… Édouard Philippe. Le maire du Havre s'est pourtant empressé de dire à un député de Paris proche de François Fillon qu'il était tout à fait « Filloncompatible ». Des propos tenus le soir du premier tour de la primaire… François Fillon, lui, jubile. C'est sa première erreur ! Il se voit déjà élu. Quand la campagne deviendra inaudible à cause des affaires, Thierry Solère et Patrick Stefanini proposeront le renfort d'Édouard Philippe. Le candidat balayera l'offre de service : « Oh non c'est bon. On a déjà Gilles Boyer comme trésorier », autrement dit : j'ai assez donné pour les juppéistes. Sa deuxième erreur : ne pas savoir utiliser le talent des autres pour gagner. Mais le voulait-il vraiment ?

Dès le lendemain de la victoire, les troupes prirent des allures d'armée mexicaine. Difficile, malgré la bonne volonté affichée, de faire travailler ensemble des hommes et des femmes qui ne partagent pas tout du corpus filloniste, de sa rigueur programmatique. Et pourtant certains soutenaient sincèrement François Fillon. Ainsi, le 28 novembre, le malaise se cristallise autour des mesures pour la santé. François Fillon est obligé d'aller au 20 h de

France 2 pour déminer la polémique sur son projet « Santé et Sécurité Sociale ». C'est la faute d'Alain Juppé ! Dans l'entre-deux tours de la primaire, il allume la mèche. Il insinue que François Fillon veut dérembourser certains frais médicaux. Le débat se focalise sur les petits risques qui seraient à la charge du patient, et les gros qui seraient pris en charge par l'Assurance Maladie. Bernard Accoyer, médecin de profession, estime que ce point doit être retravaillé. « Ce ne sont pas 4 millions de Français qu'il faut convaincre, mais 40 millions », confie-t-il sur les plateaux de télévision. Bruno Retailleau exclut lui tout assouplissement. « C'est mal connaître François Fillon que de penser qu'il va affadir son projet ». Les Français ne perçoivent pas les divisions qui se font jour. Mais ils constatent alors le manque d'empathie du candidat. Tous chez les Républicains entreront dans une ère de grande perplexité. Qui a rédigé ce programme santé ? Officiellement aucun responsable. Il se murmure qu'il s'agirait de Dominique Stoppa-Lyonnet, professeur de médecine et suppléante de François Fillon à Paris. Henri de Castries, l'ancien patron d'Axa qui a participé à la campagne de François Fillon, démentira toute implication. Finalement pour ne pas effrayer l'électeur, les mesures pour la santé seront retravaillées en février 2017 en présence de Jean Leonetti, de Bernard Debré, tous deux médecins et de Hervé Gaymard. Les trois travaillaient rarement ensemble. Ils tenaient séparément des réunions. La gestion du volet santé du programme Fillon aurait été moins chaotique s'il avait existé dans la campagne une véritable coordination. Et un François Fillon beaucoup plus présent ! Il reste de cette époque au quartier général des réunions autour de Patrick Stefanini mais la plupart du temps sans le candidat. Il reste dans les esprits des participants des rendez-vous avec un chef incapable de fixer un ordre du jour. « Je vous écoute », dit-il en ayant l'air d'être déjà ailleurs. Beaucoup se demandent aussi ce qu'ils font là ! L'affaire Penelope n'a pas encore obscurci la campagne que François Fillon est déjà seul au milieu des siens. Son regard ne scrute pas le visage de ceux qu'il croise dans les couloirs du QG. Sébastien Lecornu qui était alors le directeur adjoint de la campagne subira ainsi l'infamant honneur de ne pas être reconnu. Quant aux députés qui sillonnent le pays, jamais de réponse à leur texto. Aucun mot d'encouragement, ni même un merci… Impossible de voir le candidat en tête-à-tête. Lors d'une réunion au QG le 18 janvier 2017, les parlementaires tirent le signal d'alarme. « Il faut que tu nous donnes du plaisir et de l'émotion », lâche Bernard Reynès, le député des Bouches du Rhône. « Or quand on t'écrit, tu ne réponds pas. On demande à te voir, on ne te voit pas ». Patrick Stefanini m'a confié[1] que François Fillon répugnait à s'occuper des hommes et de la logistique. « Cela lui passait au-dessus de

1. Entretien avec l'auteur, 20 avril 2018.

la tête », me dit-il. Le même Stefanini souffrira de rarement arriver à joindre François Fillon au téléphone pendant la campagne. De longues absences inexpliquées… Et inexplicables pour qui met toute son énergie à conquérir l'Élysée. « J'ai malheureusement constaté que François Fillon ne se donnait pas les moyens d'être un véritable combattant. Tout le contraire d'un Bonaparte sur le Pont d'Arcole ! Il ne serait pas allé chercher le drapeau », me confie attristé un filloniste. Le solitaire ne s'est pas mué en meneur d'hommes.

Pensait-il vraiment gagner la primaire ?

Avec le recul, certains des acteurs de la campagne se demandent si François Fillon pensait gagner la primaire. Il le souhaitait bien sûr. Mais lui-même n'avait pas osé rêver qu'il l'emporterait aussi largement. Le soir du premier tour, lors du dépouillement des résultats il dira au sujet du raz-de-marée des votes en sa faveur : « Je l'ai vu monter… Mais quand même je ne l'ai pas vu venir ». Presque tous les départements ont voté François Fillon. Alain Juppé, comme Nicolas Sarkozy, étaient très investis dans l'organisation même de la primaire. « Je les avais tout le temps sur le dos ! Ils m'appelaient tous les deux jours ! », me dit Thierry Solère[1]. « Ils

1. Entretien avec l'auteur, 8 juin 2018.

s'inquiétaient du nombre de bureaux. Alain Juppé me demandait régulièrement le détail pour telle ou telle circonscription ». En revanche, en deux ans, François Fillon a passé seulement deux coups de fil à l'organisateur de la primaire. « Il est vrai », me précise Thierry Solère, « que François Fillon se reposait beaucoup sur son directeur de campagne Patrick Stefanini. C'est avec lui que je devisais sur l'avancée de l'organisation de l'évènement ». Thierry Solère a quand même eu beaucoup d'échanges de textos avec François Fillon dont certains l'ont laissé perplexe. Ainsi en août 2015, l'organisateur de la primaire est tout content d'annoncer à François Fillon qu'il y aura 10 200 bureaux de vote dans toute la France. Réponse du candidat : « C'est n'importe quoi. C'est beaucoup trop ! » Il faut dire qu'à l'époque aucun candidat n'imagine plus de quatre millions de votants. Puis Thierry Solère précise à François Fillon qu'il y aura 24 bureaux de vote dans sa circonscription parisienne. « Ah c'est beaucoup ! » Autre texto : « mais ça fait un par rue ! ». Thierry Solère me confie en me montrant l'échange de textos : « J'ai trouvé que François Fillon était bizarre. Peut-être était-ce de l'humour à froid. Mais il n'a jamais témoigné d'un peu d'enthousiasme alors que 24 bureaux de vote dans sa circonscription, c'était l'assurance de lui ramener le plein de voix ! » Lors de l'élection pour la présidence de l'UMP en 2012, François Fillon avait patienté deux heures avant de pouvoir mettre son bulletin dans l'urne. Bon nombre d'électeurs avaient rebroussé chemin, minés par l'attente dans le froid et sous la pluie. Le candidat pensait-il au fond de lui que peu de personnes se déplaceraient ? Jouer la partie comme au poker. Mais de là à rafler la mise…

La bunkerisation

Il y a un avant et un après. Le 24 janvier. Les révélations du *Canard Enchaîné*. Les Républicains sont secoués, abasourdis. L'homme qui se présente devant les Français comme un parangon de vertu, d'honnêteté en politique aurait donné un emploi présumé fictif à son épouse. Comment le défendre quand tous se rendent compte qu'ils ne connaissent rien de la vie privée de cet homme ? Là encore François Fillon brille par son absence auprès de ses troupes. Le soir du 24 janvier au QG, pas de réunion pour donner des explications et des éléments de langage à ceux qui seront sollicités par les médias. Thierry Solère le porte-parole de la campagne comptabilisera en moins d'une heure 283 textos de journalistes ! Comme si de rien n'était, le candidat tire les Rois avec ses collaborateurs. Sombre présage : la fève est un chat noir ! Sous la pression de sa garde rapprochée, il se replie dans son bureau. Sont présents Anne Méaux, Caroline Morard[1], Patrick Stefanini, Thierry Solère, Sébastien Lecornu et Bruno Retailleau. Thierry Solère estime

1. Attachée de presse de François Fillon.

qu'il faut très vite rédiger un communiqué de presse. Et surtout qu'il faut attaquer le *Canard Enchaîné* pour diffamation. « Surtout pas ! Il va y avoir la justice », dit tout bas François Fillon. Le regard du porte-parole croise celui de Sébastien Lecornu. Les deux hommes se regardent interloqués et surpris. Quelle drôle de réaction ! Aurait-il quelque chose à cacher ? Les avocats entrent alors dans la danse qui va devenir de plus en plus macabre. Antonin Lévy est choisi pour être l'avocat de François Fillon sur les conseils de François Sureau. Il était déjà l'avocat de l'UMP après la chute de Jean-François Copé. Pierre Cornut-Gentille, pénaliste confirmé, défendra Penelope Fillon. Pour la riposte, le candidat s'enferme dans son bureau avec les trois responsables de sa communication : Anne Méaux, Myriam Lévy et Caroline Morard. Les trois mousquetaires Bruno Retailleau, le coordinateur de la campagne, Igor Mitrofanoff, la plume attitrée et Antoine Gosset Grainville, l'ami et avocat, seront toujours présents pour dispenser leurs conseils et témoigner d'une fidélité sans faille. Mais à l'extérieur du bunker, les soutiens se délitent. 24 h après la déflagration du Penelopegate, les sarkozystes se retrouvent tous au… restaurant ! Ils sont une cinquantaine. Ils critiquent la stratégie de défense du candidat. « Avec Nicolas Sarkozy les choses se seraient passées différemment. Il aurait fait un 20 h et nous, nous serions déployés dans tous les médias », dit Pierre Charon. Le sénateur de Paris s'empresse d'ajouter : « nous sommes disponibles pour aider François Fillon. Il n'a pas autour de lui assez de gens prêts au combat ». Mais sous l'offre de service se fait jour la satisfaction d'enterrer le vainqueur de la primaire auquel ils n'ont jamais cru. Alors au-delà des trois semaines de révélations dans le *Canard Enchaîné*, au-delà de l'acharnement judiciaire qui frappe à travers la violation régulière du secret de l'instruction, François Fillon a, il ne faut pas l'oublier, une bataille à mener : celle de gagner une élection présidentielle. Il doit faire fi d'un parti sur lequel il ne peut s'appuyer et en lequel il ne croit plus depuis bien longtemps. La posture gaullienne sera, pense-t-il, son salut. Ce sera la rencontre avec le peuple. Le rendez-vous avec la droite hors les murs. Le Trocadéro.

On aurait dû se méfier…
Le Trocadéro ou le chant du cygne.

« Ils pensent que je suis seul. Ils veulent que je sois seul. Est-ce que nous sommes seuls ? », lance François Fillon la voix éraillée sur la place du Trocadéro le dimanche 5 mars 2017. 60 000 personnes s'époumonent pour lui répondre « nooon » ! Et la foule crie encore plus fort silencieusement pour lui dire : « Reste ! » Sous la pluie, le visage de François Fillon semble en larmes d'avoir tant souffert en arrivant au bout de son chemin de croix. La résurrection est-elle possible ? Le candidat a face à lui la droite catholique qui prie pour la France et pour avoir un président digne de la défense de ses valeurs. Mais sur la scène du Trocadéro et en coulisse tous les politiques présents implorent le ciel orageux pour qu'il renonce. Et tous sont là pour regarder un homme tomber. Comment être encore audible et crédible quand on va être mis en examen ? Les fillonistes à ses côtés sur l'estrade ne croient plus en sa victoire le 7 mai. Ils viennent soutenir un homme à terre par fidélité. Quelle terrible méprise ce Trocadéro ! D'un côté, une partie du peuple de droite qui pense vivre un grand rendez-vous avec l'histoire comme la démonstration de force des gaullistes le 30 mai 1968 ! De l'autre, les fillonistes qui au fond de leur cœur savent que la messe est dite. Et que dire des autres ! Les intrigants qui imaginent la crucifixion. François Baroin et Christian Jacob sur scène. Quel terrible présage ! Nicolas Sarkozy est à la manœuvre. Alain Juppé est devant sa télé, toujours aussi ambigu... Va-t-il y aller ? Être ou ne pas être... Des ténors de la droite eux n'ont déjà plus d'états d'âme. Ils sont tous absents. Même le président du Sénat Gérard Larcher ! Valérie Pécresse[1] hésitera. Mais renoncera après avoir sondé plusieurs députés dans la matinée.

François Fillon était-il prêt à rendre les armes au Trocadéro ? Le candidat sait très bien qu'on ne sort de l'ambiguïté qu'à ses dépens. « Je continuerai à dire à mes amis politiques que ce choix (mon

1. Présidente de la région Ile-de-France. Ancienne ministre de Nicolas Sarkozy. Députée des Yvelines membre des Républicains au moment du Trocadéro.

maintien) à la fois leur appartient et ne leur appartient pas », prononcera-t-il à la fin de son discours. Bruno Retailleau tentera de lui faire rayer la formule « leur appartient ». Pour François Fillon qui patiente dans la loge attenante à la tribune, c'est non. Ce jour-là François Fillon est extrêmement tendu et irritable. Le député de Paris Bernard Debré[1] vient le saluer dans la loge et se prend une volée de bois vert parce que son frère Jean-Louis vient d'annoncer qu'il soutient Emmanuel Macron. Jean-Louis Debré enfonce le clou en disant qu'il ne peut pas voter pour François Fillon à cause du « spectacle triste et inquiétant » qu'il donne. L'ancien président du Conseil Constitutionnel est alors traité de tous les noms d'oiseaux. Bernard Debré fait comprendre au candidat que l'heure ne se prête pas à être désagréable avec les rares soutiens qui lui restent ! Plusieurs personnes présentes au Trocadéro m'ont confié que l'humeur de François Fillon était aussi changeante que les giboulées de ce début mars. La veille au soir, il fait comprendre à Nicolas Sarkozy qu'il est prêt à renoncer. Le dimanche à midi, il est dopé par la vue des dizaines de cars de militants venus de toute la France. Son regard croise les centaines de drapeaux tricolores et les badges sur les imperméables : « Touche pas à mon vote ». Pendant le discours il est galvanisé, soutenu par les ondes bienveillantes de la foule fervente. Après le discours, dans une brasserie

1. Entretien avec l'auteur, 15 mars 2018.

attenante au Trocadéro, il ne sait plus s'il doit se maintenir. Christophe Billan[1] le président de Sens Commun lui envoie un texto pour le rassurer. « Il ne peut décevoir le peuple venu de tout le pays ! » En fin d'après-midi, il appelle François Baroin pour lui proposer un ticket. Il sera son futur Premier ministre. Il veut l'annoncer à la télévision le soir même. « Surtout pas », lui dit François Baroin qui veut d'abord l'imprimatur de Nicolas Sarkozy. Le soir, au 20 h de France 2, François Fillon balaie l'idée d'un retrait. Il brandit la mobilisation populaire du Trocadéro. « Personne aujourd'hui ne peut m'empêcher d'être candidat. C'est ma décision ». Au passage il règle son compte à Alain Juppé : « Je ne l'ai pas entendu annoncer sa candidature », dit-il en ironisant sur une « candidature improvisée » avec un « projet de centre-gauche ». Quel est le ressort psychologique qui fit que François Fillon renonça à renoncer ? Pas question d'être vu et à nouveau considéré comme un subalterne ! Pas question de donner raison à Nicolas Sarkozy et à Alain Juppé ! Le candidat à la présidentielle préfère prendre le risque de tuer la droite plutôt que d'apparaître comme un second couteau. Après moi le déluge !

François Fillon est doté d'un « orgueil cosmique », me confie le filloniste Jean de Boishue[2]. Va pour l'orgueil qui fait du candidat un résistant

1. Entretien avec l'auteur, 25 mai 2018.
2. Entretien avec l'auteur, 24 janvier 2018.

alors qu'il n'a jamais été un combattant. Mais s'il s'accroche, pourquoi ne va-t-il pas jusqu'au bout de la posture gaullienne qui a fait son grand succès à la primaire ? Charles de Gaule a bien démissionné, lui, en 1969 ! François Fillon sillonne la France pendant trois ans de campagne. Il comprend que le pays a changé. Fini l'alliance technocratique de la droite et du centre. Fini les vieux arrangements dignes de l'UMP camouflé derrière le sigle des Républicains. Les partis traditionnels sont en train de s'effondrer. François Fillon veut s'adresser directement au peuple en se mettant au-dessus du parti. Il le revendiquera pendant la campagne présidentielle et quand il s'agira de botter en touche sur l'affaire Penelope. « Laissez-moi tranquille, je m'adresse directement aux Français » dit-il. Le jour du Trocadéro, c'est au peuple de droite qu'il demande l'onction de la relégitimation. Mais pourquoi donc tomber le jour même dans les petits calculs du parti ? Pourquoi proposer à François Baroin Matignon ? François Baroin, éternel vieux-jeune de la politique pour les Français ! Pourquoi s'occuper de valider un accord entre les Républicains et l'UDI pour les élections législatives ? L'officialisation de l'accord tombe le 14 mars, le jour où François Fillon se rend dans le bureau du juge Tournaire pour sa mise en examen. L'idée est bien entendu d'allumer un contre-feu. Mais le candidat ne pouvait-il pas renvoyer aux calendes grecques les supposés alliés comme Jean-Christophe

Lagarde et leurs exigences ? Ils ne représentent que 1 % des voix quand François Bayrou est crédité de 5 à 8 %. L'exemple d'En Marche prouve que des investitures tardives n'empêchent nullement la victoire pour les législatives quand les candidats désignés se réclament du président fraichement élu… Le lendemain du Trocadéro, François Fillon sauve sa tête lors d'un bureau politique mais il ne sauve pas sa campagne. Les sarkozystes entrent en force dans l'organigramme. François Baroin qui a pourtant joué un jeu trouble en se positionnant comme un recours est chargé du rassemblement politique. Christian Jacob devient coordinateur de la campagne aux côtés de Bruno Retailleau. Luc Chatel remplace Thierry Solère démissionnaire en devenant porte-parole. C'est la revanche des sarkozystes. La mort lente de François Fillon. Où est passé le souffle du Trocadéro ? Tous les signaux que le candidat envoie sont de pauvres signaux de gestion du parti. Paradoxe ! Le candidat se replie sur un appareil dont il sait qu'il est en train de s'effondrer ! On est loin de la posture gaullienne ! À ce moment-là, François Fillon comprend qu'il ne sera pas président de la République. Mais l'a-t-il un jour vraiment voulu ? « Vous avez raison, me dit Christophe Billan, l'ex-président de Sens Commun, il n'est pas allé jusqu'au bout de sa rencontre avec le peuple. Il a raté quelque chose. Il s'est abandonné aux petites combinaisons, il s'est réfugié dans les rouages du parti qui pourtant lui échappe ». Et pourtant Sens Commun n'a pas joué le rôle démesuré et délirant que certains politiques comme Nathalie Kosciusko-Morizet ou Alain Juppé lui prêtèrent. Fort de 10 000 membres, le mouvement a activé ses réseaux pour la mobilisation au Trocadéro. Mais l'organisation est restée entre les mains des Républicains. Christophe Billan considère que le Trocadéro est le moment où Sens Commun, fier de ses valeurs qui font sa colonne vertébrale, tend un miroir aux Républicains : « Regardez votre visage. Vous n'avez plus de convictions, ni de projets ! » Ce jour-là, François Fillon peut-il lui encore se regarder dans une glace ?

Nicolas Sarkozy et Alain Juppé ont-ils tout fait pour tuer François Fillon ?

Nicolas Sarkozy a attendu le début de la chute de François Fillon pour ne plus avoir d'état d'âme. Le 1er mars sonne le glas de l'ambition présidentielle du candidat. Il apprend qu'il va être mis en examen. Dès 7 h 30 François Fillon appelle Nicolas Sarkozy pour le sonder. « À toi de décider en ton âme et conscience », dit l'ancien président. « Je serai loyal. Si tu restes, je serai avec toi. Si tu pars, je comprendrai ». Quand il raccroche, Nicolas Sarkozy donne son sentiment à des proches : « Il veut y aller. Il ne renoncera pas ». Tout autour du candidat, les rats commencent à quitter le navire. Bruno Le Maire,

Sébastien Lecornu, le juppéiste Vincent Le Roux. Les défections gagnent les territoires. Des réunions informelles ont lieu loin du QG pour trouver un candidat de remplacement. Le vendredi 3 mars, c'est l'hémorragie. Thierry Solère, le porte-parole de la campagne, démissionne. François Fillon le supplie de rester. « Au téléphone il m'a fait penser à un condamné à mort », me dit Thierry Solère[1]. Il explique à François Fillon qu'il a menti aux Français, qu'il a eu cette phrase malheureuse : « Si je suis mis en examen, je retirerai ma candidature » et il n'honore pas sa parole ! Réponse laconique du candidat : « Je m'en souviendrai ». Le lendemain c'est au tour du directeur de campagne Patrick Stefanini de prendre le large. Avant de partir, il prend soin d'organiser le Trocadéro. François Fillon encaisse mais ne vacille toujours pas. Il appelle deux fois Nicolas Sarkozy pour lui faire part de sa volonté de tenir bon. L'ex-président commence à être moins diplomate. « Ça ne peut pas durer comme ça. Moi à ta place, j'aurais abandonné ». Inquiet de l'éclatement de la droite, il ne veut pas brusquer François Fillon mais l'amène à réfléchir : « Tu ne peux gagner sur un socle étriqué. En 2007, j'ai gagné en réussissant le rassemblement. En 2012 la famille était rassemblée au moins en surface et pourtant j'ai perdu ». Nicolas Sarkozy a d'abord joué la carte Fillon mais juste avant le Trocadéro

1. Entretien avec l'auteur, 8 juin 2018.

il est prêt à le lâcher. L'ex-président pense que le candidat se sert de lui pour empêcher Alain Juppé de se lancer dans la campagne. La tragédie se mue en vaudeville politique ! D'autant que jamais les trois hommes ne se parleront ensemble. Et entre Nicolas Sarkozy et Alain Juppé le courant a du mal à passer, même via les ondes des portables ! L'ex-chef d'État est dans les tribunes du Parc des Princes le samedi 4 mars. Accaparé par le match PSG-Metz, il rate le coup de fil d'Alain Juppé qui lui laisse un message. Mais Nicolas Sarkozy ne rappelle pas le maire de Bordeaux. Il s'enquiert du mental de François Fillon. Coup de fil au candidat qui fête sinistrement son 63e anniversaire. Il semble au bout du rouleau. L'idée se répand chez les sarkozystes qu'il va laisser sa place. D'où la présence de François Baroin sur l'estrade du Trocadéro le lendemain. Une venue encouragée par Nicolas Sarkozy. C'est donc le coup de Trafalgar quand François Fillon annonce le soir du Trocadéro au 20 h de France 2 qu'il se maintient. Pour Nicolas Sarkozy, il franchit la ligne jaune. Il ne peut plus conduire la droite à la victoire. Nicolas Sarkozy veut donc maintenant tuer François Fillon pour mettre à sa place François Baroin. Il appelle le candidat pour lui mettre la pression : « Tu as réussi ta manif. Tu as réussi ton 20 h. Mais est-ce que tu considères que tu peux faire gagner la droite avec tout ce qui t'est arrivé ? Ça va encore feuilletonner et comme Juppé n'y va pas, c'est à toi de renoncer ». Le candidat est d'une ténacité exceptionnelle. Est-ce par esprit de revanche ? Il ne flanche toujours pas. Nicolas Sarkozy se contentera donc de regarder l'homme tomber. Il attendra le 7 avril pour soutenir François Fillon dans la dernière ligne droite de la campagne. Un message posté sur Facebook pour appeler à la mobilisation. Enfin, trois jours avant le premier tour, Nicolas Sarkozy s'affichera complice sur une photo avec François Fillon. Les deux hommes viennent de prendre un petit déjeuner au domicile de l'ancien président. Il était temps de rattraper le déficit de cordialité. Nicolas Sarkozy aura fait le service minimum. Il dut être tellement heureux de la chute de son collaborateur. Mais François Fillon ne lui aura rien demandé non plus.

Alain Juppé a-t-il été le principal acteur de la chute de François Fillon ?

Alain Juppé a depuis son plus jeune âge rêvé d'être président de la République. Comme François Fillon, lui aussi n'aimait que lui-même. Comme François Fillon, lui aussi n'aimait pas les journalistes. Comme François Fillon lui aussi n'aimait pas les gens. Il faut se souvenir de cette petite phrase pendant la campagne de la primaire où le journaliste Franz-Olivier Giesbert dans un documentaire lui prête une aspiration à la vie intérieure parce qu'il rentre dans les églises. « J'aime aller à la messe parce qu'au moins pendant une heure personne ne vous emmerde ! »

En janvier 1988, comme l'écrit Bernard Debré dans son livre *Un homme d'action*[1], Alain Juppé réunit pour un déjeuner trois ou quatre personnes et leur dit sans ambages : « Mitterrand va gagner les élections du mois de mai prochain. Chirac va donc les perdre. Il ne sera plus jamais président de la République ». Sept ans plus tard, Alain Juppé est déçu. Il n'a pas pris le train à temps, c'est la guerre Chirac-Balladur. S'il veut avoir encore un espoir, il faut qu'il choisisse entre les deux. Il hésite. Après un meeting, il rencontre Jean-Louis Debré : « Va dire à Jacques Chirac de renoncer. Édouard Balladur sera à coup sûr président de la République ». Il s'attire une réponse acerbe de Jean-Louis Debré : « Moi je ne quitterai jamais Chirac. Si tu as quelque chose à lui dire, vas-y toi-même ». En 1995 les courbes des sondages d'abord favorables à Édouard Balladur s'inversent. Alain Juppé, en homme sage comprend qu'il s'est trompé. Il prend fait et cause pour Jacques Chirac, d'autant plus fortement qu'il veut éliminer son rival Philippe Séguin auprès de Chirac. Onze ans plus tard, arrive la primaire de la droite. Il se voit enfin président. Il ne croit pas une seconde que François Fillon puisse avoir la moindre chance. Il approche d'ailleurs ses fidèles comme Philippe Bas ou Bernard Debré : « Soutenir François Fillon pour le

1. Stock, 2015.

premier tour je vous comprends, mais pour le second tour vous viendrez avec moi ». L'ancien ministre et sénateur Philippe Bas est sollicité en octobre 2015. Alain Juppé l'a déjà approché en 2012 mais à cette époque il n'est pas tout à fait sûr d'aller à la primaire. « Il faut qu'on me le demande », dit-il à Philippe Bas[1] qui lui fait comprendre qu'un chef n'a pas à se faire prier.

La drague de Sens Commun

Contre toute attente, celui qui méprisera la droite représentée au Trocadéro, qui la traitera de « droite radicalisée », ne l'a pas toujours perçue ainsi. Pendant la campagne de la primaire, Alain Juppé envoie l'un de ses fidèles, Vincent Le Roux[2], approcher Christophe Billan, le président de Sens Commun. Puis trois semaines avant le premier tour, Alain Juppé le reçoit dans son bureau. « Vous avez eu l'intelligence politique de soutenir François Fillon plutôt que Jean-Fréderic Poisson[3] (le patron des Démocrates Chrétiens). Pour le 2e tour, faites un pas en avant pour aller vers moi. » Alain Juppé n'a alors aucune réticence vis-à-vis de Sens Commun, bien au contraire ! Comme me le résume un ami

1. Entretien avec l'auteur, 25 juin 2018.

2. Ancien directeur de cabinet d'Alain Juppé à la mairie et à la communauté urbaine de Bordeaux (1999-2003).

3. Président du parti Chrétien Démocrate.

de François Fillon, Arnaud de Montlaur : « Avant la primaire, Sens Commun était le Bon Dieu, après c'était le diable[1] ». Christophe Billan sera insensible au chant des sirènes juppéistes. « Alain Juppé est l'archétype du technocrate qui n'a rien à proposer. C'est l'enfant de l'UMP », me confie-t-il[2]. En sortant du bureau du maire de Bordeaux, il est plus que jamais conquis par un François Fillon « qui reconnaît la permanence du principe humain, dont les racines sont très fortes dans une famille et un territoire ». Les résultats du premier tour de la primaire seront très mauvais pour Alain Juppé. Il arrive deuxième, très loin derrière François Fillon. Certain d'avoir perdu, au lieu de s'en aller dignement, Alain Juppé a été odieux vis-à-vis de François Fillon. Cette hargne était d'autant plus forte que son espoir d'être un jour président de la République avait disparu. Il n'y aurait plus pour lui de nouvelles occasions.

Alors aurait-il pu, après le Trocadéro, être l'acteur du plan B ? Bien sûr que non ! Condamné par la justice, battu sèchement à la primaire de la droite, il se savait mal aimé par le peuple de France. Même si sa cote de popularité le hisse toujours parmi les meilleures places. Mais être populaire ne veut pas dire rallier les suffrages. Pour preuve Simone Veil, bien qu'extrêmement populaire, fit à peine 8,43 % des voix aux élections européennes de 1989. Miroir

1. Entretien avec l'auteur, 17 mai 2018.
2. Entretien avec l'auteur, 25 mai 2018.

déformant, Alain Juppé est adulé par sa garde rapprochée. Je me souviens avoir demandé à Édouard Philippe, après la primaire, en coulisse de l'interview politique que je réalisais pour Sud Radio et Public Sénat, pourquoi il n'avait pas eu l'audace de se choisir un destin plutôt que de marcher dans les pas d'Alain Juppé. Regardez Emmanuel Macron ! N'est-ce pas à votre génération de s'imposer ? Édouard Philippe me rétorqua : « Non, parce que le meilleur, c'est Alain Juppé ». Le maire de Bordeaux est trop fier pour reconnaître à la fin de sa vie politique qu'il a échoué. Il ne sera jamais président de la République. Personne à droite ne pourra l'être. Il a trouvé un supplétif : Emmanuel Macron. La nomination d'Édouard Philippe à Matignon est son amère victoire.

François Fillon était-il tellement détesté par Nicolas Sarkozy et Alain Juppé ? Peut-être le mot est-il trop fort. Mais deux hommes, l'un qui a déjà été président et qui voulait sa revanche, l'autre qui n'a rêvé que de l'être, peuvent-ils si rapidement oublier leurs ambitions devant François Fillon ? Ils l'ont toujours considéré comme un subalterne. Pouvaient-ils se mettre sans arrière-pensée à son service ? Quand les premières déconvenues apparaîtront dans la campagne de François Fillon, ces deux-là durent en être heureux.

Trois jours après sa défaite à l'élection présidentielle, François Fillon ne formulera qu'un seul regret à un proche rencontré. Ne pas avoir créé son parti politique pour le soutenir et l'amener à la victoire. Il y eut bien l'aventure du RUMP, le rassemblement UMP qui dura deux mois après le fiasco de la présidence de l'UMP en novembre 2012. Mais François Fillon enterra son éphémère parti, pourtant fort de 73 députés, pour, dira-t-il, « ne pas déchirer la famille de la droite ». La campagne présidentielle de 2017 prouve que le mal était déjà fait, depuis bien longtemps.

Une famille en or !

En 2013 éclate le scandale Cahuzac. Le ministre socialiste du budget est mis en examen pour blanchiment de fraude fiscale. François Fillon dénonce « la faillite morale » d'une gauche « prompte à critiquer mais qui se conduit d'une manière très différente de ses principes et de ses valeurs ». Un an plus tard, lors d'un meeting à Cannes, il revient encore sur l'affaire Cahuzac avec ces paroles : « La politique, cela ne sert pas à se servir mais à améliorer le quotidien des gens ». Comme Jérôme Cahuzac incarnait la politique fiscale de la France, François Fillon incarnait pour sa famille politique la probité, la sobriété et la rigueur. Il ira même jusqu'à s'ériger en donneur de leçon avec la fameuse phrase : « Qui imagine un seul instant le Général de Gaulle mis en examen ?[1] » où tout laisse à penser qu'il visait Nicolas Sarkozy…

1. Discours de Sablé-sur-Sarthe, 28 août 2016.

En 2014 quand il est soupçonné d'avoir sollicité le secrétaire général de l'Élysée Jean-Pierre Jouyet pour activer le zèle de la justice et empêcher ainsi le retour de Nicolas Sarkozy en politique, il aura cette réponse : « En trente ans, mon nom n'a jamais été associé à une affaire ou à un comportement contraire à l'éthique ». C'était vrai. C'était ce que pensait l'immense majorité des Français. Mais la campagne présidentielle a révélé un autre François Fillon.

Aux grandes affaires politico-financières, François Fillon préfère les arrangements en famille comme le montrera l'affaire Penelope pendant la campagne présidentielle. Il devient député en juin 1981. En 1982, Penelope est rémunérée pour une mission d'un mois, pour un salaire en franc équivalent en euros à 1 409 euros. Une mission commandée par son mari. Elle est véritablement salariée d'avril 1986 à décembre 1990. 1 800 euros brut par mois en moyenne. Elle effectue des taches « simples et essentielles » dira François Fillon quand il devra se justifier pendant la campagne. Elle reprend du service, entre 1998 et 2002, à 3 900 euros brut par mois en étant toujours attachée parlementaire de son mari. En 2002, François Fillon retrouve un portefeuille de ministre : les Affaires sociales sous la présidence de Jacques Chirac. Marc Joulaud, son suppléant, devient député de la Sarthe. On a alors l'impression que François Fillon est grisé par l'argent facile. Penelope devient l'attachée parlementaire de Marc

Joulaud en raflant presque l'intégralité de l'enveloppe parlementaire : 6 900 euros brut par mois en début de mandat et 9 561 euros à la fin en 2007. C'est le montant maximal du crédit mensuel à la disposition du député. Normalement l'enveloppe parlementaire sert à rémunérer en moyenne trois collaborateurs. Gêne des fillonistes pendant la campagne. « Rafler toute l'enveloppe c'est malhonnête. On va découvrir qu'on a affaire à Al Capone », me dit l'un d'eux. Si Penelope peut empocher les 9 561 euros brut, c'est parce qu'elle n'a pas de liens familiaux avec Marc Joulaud. La rémunération n'est donc pas plafonnée.

De 2007 à 2012, Penelope est auprès de François Fillon, Premier ministre à Matignon. Rares apparitions mondaines d'une femme simple et discrète dont le travail est d'offrir l'image d'une famille équilibrée et unie, sans être rémunérée… Mais en 2012 la carrière ministérielle de François Fillon est terminée. Il est élu député de Paris. Penelope redevient son attachée parlementaire de juillet 2012 à novembre 2013 avec un salaire de 4 600 euros brut. « Quelle imprudence ! Embaucher sa femme après avoir été Premier ministre » me dit perplexe un parlementaire membre des Républicains. Et le couple double la mise : en parallèle, de mai 2012 à novembre 2013, dès la sortie de Matignon, Penelope est embauchée par Marc Ladreit de Lacharrière à la *Revue des Deux Mondes* pour 5 000 euros brut par mois. Pourquoi les deux collaborations s'arrêtent-elles au même moment fin 2013 ? Depuis l'affaire Cahuzac et la loi sur la transparence de la vie publique adoptée en septembre 2013, le député est obligé de donner le nom de ses collaborateurs. Il est aussi obligé de remplir une déclaration de patrimoine et de faire apparaître les emplois familiaux. La Haute Autorité à la transparence de la vie publique veille. François Fillon veut se présenter à l'élection présidentielle. Une petite voix a dû chuchoter à son oreille que tout cela pouvait lui coûter cher.

Employer Penelope ? Les amis de François Fillon tels Arnaud de Montlaur ou Christophe Billan insistent sur le fait que l'épouse du candidat a travaillé. L'idée est de savoir si elle a été ou non surpayée, selon eux. Mais employer Penelope est parfaitement légal. François Fillon ne verra pas le mal. « Tout le monde le fait, pense-t-il ». Au moment de la campagne présidentielle, quand il vivra quotidiennement son chemin de croix sous le coup des accusations d'emplois fictifs, sortiront les noms des députés qui ont fait travailler leur épouse. À droite Nadia Copé, la femme de Jean-François Copé, ou l'artiste peintre Pauline Le Maire, celle de l'actuel ministre de l'Économie et des Finances. À gauche, Claude Bartolone, président de l'Assemblée nationale. Il précisera : « Je ne fais pas travailler ma femme. J'ai épousé ma collaboratrice ! ». En 2014, 20 % des parlementaires, députés et sénateurs, ont rémunéré un membre de leur famille : 52 épouses, 32 filles et 28 fils étaient en poste.

On aurait dû se méfier…
Il a fait différemment des autres.

Pour bon nombre de députés interrogés, il semblerait que Penelope n'ait pas été d'une utilité fondamentale à l'activité de son mari. Et elle n'avait pas peur d'user du don d'ubiquité pour travailler. Ainsi, quand elle est l'attachée parlementaire de François Fillon, député de Paris, entre juin 2012 et novembre 2013, elle assure être « chargée des liens avec la Sarthe » car « son mari voulait garder un lien avec ses électeurs d'origine » ! Quand dix ans plus tôt elle assiste Marc Joulaud, député de la Sarthe à partir de 2002, elle veut lui apporter un soutien de poids dans sa circonscription alors qu'elle vit à Paris auprès de son mari ministre ! Penelope aura par ailleurs cette confidence désastreuse en 2007 à la télévision britannique : « Je n'ai jamais été l'assistante de mon mari ou de quoi que ce soit de ce genre ». La phrase lui reviendra comme un boomerang pendant la campagne. En 2014 arrivent les élections municipales. François Fillon demande au maire de Solesmes Pascal Lelièvre de prendre son épouse sur sa liste. Il s'exécute. Les Lelièvre sont heureux de rendre service à leur prestigieux voisin. Penelope remplit sa déclaration de candidature. Selon Sylvie Bommel dans *Penelope*[1], dans la case profession elle écrit… mère au foyer ! Quatre mois

1. Jean-Claude Lattès, 2017.

plus tôt elle était censée cumuler deux plein-temps ! Comme assistante parlementaire et comme conseillère littéraire à la *Revue des Deux Mondes*. Curieux de se définir comme mère au foyer, sauf si on se vit ainsi depuis toujours.

Autre bizarrerie… Marc Joulaud avait deux autres attachés parlementaires pendant qu'il rémunérait Penelope Fillon avec la quasi-totalité de l'enveloppe parlementaire. Igor Mitrofanoff, l'ami et la plume de François Fillon et Jeanne Robinson-Behre. Cette dernière était payée par Marc Joulaud 607 euros par mois. Elle était prise en charge financièrement par un autre parlementaire : un sénateur de la Sarthe. Plus intriguant, Igor Mitrofanoff était lui rémunéré comme conseiller technique au cabinet ministériel de François Fillon quand il était ministre des Affaires sociales. Drôle de mélange quand l'argent d'un ministère sert à rémunérer le travail de l'assistant d'un député ! Un joli tour de passe-passe mélangeant les pouvoirs législatifs et exécutifs ce qui semble contraire à la Constitution…

Quant aux enfants de François Fillon, ils ont aussi été « attaché parlementaire » quand leur père était sénateur. Ils n'étaient pas encore avocats, contrairement à ce que dira François Fillon à la télévision. Et comble de l'ambiguïté, ils ont rétrocédé une partie de leur salaire à leur père. Marie Fillon a touché 46 000 euros net entre octobre 2005 et décembre 2006. Elle reversera sur le compte joint de ses parents 33 000 euros, soit 70 % ! La fille du candidat dira avoir voulu payer son mariage célébré mi-2006. Cela signifie donc que François Fillon a indirectement payé le mariage de sa fille avec l'argent du Sénat, donc de l'argent public.

Charles Fillon devra lui aussi rendre l'argent touché au Sénat. 30 % des 26 000 euros perçus sur six mois en 2007. Il devait rembourser son loyer et son argent de poche selon son candidat de père.

Toutes ces collaborations familiales ont duré plus de trente ans. Et encore sans compter le premier emploi de Penelope obtenu grâce à Joël Le Theule : quinze mois rémunérés à partir d'avril 1980 et jusqu'au 31 juillet 1981 par la Direction régionale des finances publiques de Paris. Avril 1980 ! Penelope et François ne sont pas encore mariés. Union civile le 31 mai 1980. Union religieuse au Pays de Galle le 28 juin suivant. Dix jours avant le premier tour de l'élection présidentielle, le *Canard Enchaîné* publie les informations sur ce premier travail de Penelope. François Fillon dépose plainte pour « propagation de fausses nouvelles ayant eu pour effet de détourner les suffrages ». Une plainte contre le *Canard Enchaîné* classée sans suite en novembre 2017. La diffusion de fausses nouvelles n'est pas constituée pour les enquêteurs. Le parquet confirme les informations données par l'hebdomadaire…

Chez François Fillon l'appétit vient en mangeant. Tous les arrangements avec la vie parlementaire et ce qu'elle permettait (à l'époque) financièrement témoignent d'un besoin compulsif d'argent. Il lui en faut toujours plus car il dépense toujours plus ! Et il se plaint d'après certains députés qui l'ont côtoyé de ne jamais gagner assez. Pendant six mois, entre janvier et juin 2007, quand Penelope est l'assistante de Marc Joulaud et que son fils Charles travaille au Sénat, la République verse plus de 9 000 euros net à la famille Fillon. Il faut ajouter à ce montant la rémunération de François Fillon comme sénateur de la Sarthe. En 2016, lorsqu'il est député de Paris et à la tête de sa florissante société de conseil 2F Conseil, l'ancien Premier ministre déclare 23 000 euros net de revenus par mois. Pourtant à trois semaines du premier tour de l'élection présidentielle, interrogé par Jean-Jacques Bourdin sur RMC et BFM TV, le candidat confiera ne pas arriver à mettre de l'argent de côté !

Qu'en fait-il ? La vie de château, les costumes et les cachemires coutent chers mais tout de même… Personne ne sait, d'autant que les députés qui l'ont suivi prétendent qu'il est radin ! Les journalistes, eux, sont bien placés pour savoir qu'il se fait systématiquement inviter. Même pendant la campagne de la primaire, le candidat n'aura pas l'idée de se montrer généreux (en faisant une note de frais). Ainsi début octobre 2016, François Fillon demande à Patrick Stefanini de lui organiser un déjeuner avec plusieurs membres de l'UDI dont son président Jean-Christophe Lagarde et l'ancienne ministre et sénatrice Chantal Jouanno. Rendez-vous est pris au restaurant *Les Anges* non loin de l'École Militaire.

Sitôt les agapes terminées, François Fillon s'éclipse. Les convives s'attardent sur le trottoir avec le directeur de campagne interpellé par le patron du restaurant. La note n'a pas été payée ! Patrick Stefanini règlera l'addition mais sera estomaqué par le sans gêne du candidat. « D'autant qu'il était demandeur pour le déjeuner », me dit-il[1], et d'ajouter : « Tout cela pour que Jean-Christophe Lagarde annonce le soutien de l'UDI dix jours plus tard à Alain Juppé ». Les manières de faire de François Fillon seraient-elles restées sur l'estomac des centristes ?

Patrick Stefanini m'a fait part d'une autre anecdote traduisant le manque de générosité de François Fillon. Il n'a pas mis un euro dans son mouvement Force Républicaine. Il n'a pas fait de chèque pendant la campagne de la primaire pour encourager les dons. Symboliquement, il n'a pas donné un peu de lui-même mais demandé beaucoup d'investissement aux autres. Motif invoqué : « Je n'ai pas d'argent, j'ai beaucoup d'impôts à payer »... Heureusement il a une famille en or !

1. Entretien avec l'auteur, 20 avril 2018.

Pourquoi salarier Penelope ?

Roselyne Bachelot est avare de confidences sur François Fillon. Elle, l'amie de trente ans, son ancienne ministre, est si déçue qu'elle préfère se retrancher derrière l'élégant extrait du poème de Robert Desnos : « Un jour je te décevrai. Et ce jour-là, j'aurai besoin de toi ». Mais François Fillon a-t-il besoin des autres ? « Il n'est jamais aussi bien qu'avec lui-même » me confie son ami Jean de Boishue. Henri Guaino lui se targue de ne jamais avoir été un proche. D'où l'analyse vacharde : « Il n'aime personne. Il n'a pas d'empathie. Il est sec. » Pourtant on aurait donné à François Fillon le Bon Dieu sans confession ! Mais sa vie privée semble moins ordonnée qu'il n'y parait.

Tout jeune, les rumeurs ont couru sur de supposés penchants homosexuels. François Fillon était l'assistant parlementaire de Joël Le Theule à qui l'on prêtait des liaisons masculines. Forcément, disait-on, le jeune Fillon n'était pas insensible au charme de son patron. Le lien de cause à effet n'est pas évident. D'autant que François Fillon se marie avec Penelope à l'âge de 26 ans et qu'il fréquente la jeune Galloise depuis trois ans. Il la rencontre au moment où il commence à travailler pour Joël Le Theule. Mais la rumeur est tenace. Dans les cortèges anti-mariage pour tous en 2014, on lira sur une pancarte : « François Fillon et Joël Le Theule, vous pourriez aujourd'hui vous marier ». Mais rien n'atteste une telle inclination. Pas de noms. Pas de liaisons. Mais toujours quelqu'un rencontré pour dire que « oui, il paraît qu'il aime aussi les hommes », jusqu'aux gardes républicains en poste à Matignon qui auraient été témoins d'étranges venues dans les couloirs de l'appartement de fonction. En revanche, ce qui est établi, c'est que François Fillon plaît aux hommes. Dans son livre *La Récréation*[1], Frédéric Mitterrand raconte être « frappé par la beauté physique de cet homme, ce dont personne ne parle jamais. Je me demande pourquoi ». Pour définir François Fillon, un haut fonctionnaire qui a travaillé avec lui me dit : « Il y a chez lui de l'ambivalence, sans doute liée à une forme de préciosité. Pour un homme, ça c'est sûr. Je le ressens. Maintenant dire qu'il est homosexuel, je ne pourrai l'affirmer ». Et si François Fillon avait besoin d'argent parce qu'on le faisait chanter ? Cette interrogation est souvent venue jusqu'aux oreilles de ses proches

1. Robert Laffont, 2013.

pendant la campagne présidentielle quand éclate le « Penelopegate ».

Une chose est sûre ! François Fillon est marié et père de cinq enfants. A-t-il été exemplaire dans son couple ? Là encore que de bruits ! Les amis de François Fillon sont volontiers plus diserts. « Toutes ces femmes qui lui tournaient autour ! », me dit l'un d'eux. « Je pourrai vous donner des noms mais ce n'est pas intéressant car elles ne sont pas connues », me dit un autre. Pourtant il en est une qui semble sortir du lot puisque c'est la propre fille de Philippe Séguin : Catherine Séguin. Béatrice Séguin, la deuxième épouse de l'ancien maire d'Épinal, avait confié avant de mourir qu'elle n'appréciait pas cette relation, ne jugeant pas François Fillon bien fiable[1]. Si l'anecdote n'est pas confirmée par les proches de Philippe Séguin, tous s'accordent à remarquer que François Fillon lui a fait un beau cadeau en la nommant à la préfectorale en 2011 alors qu'elle ne sortait pas des moules de Science-Po et de l'ENA.

François Fillon frivole ? Dès 1993, quand il est nommé pour la première fois ministre, les suppositions vont bon train. Penelope préfère rester dans la Sarthe avec les enfants plutôt que de vivre dans un logement de fonction à Paris. Pendant la semaine, on la voit rarement dans la capitale. Lui reprend son rôle de père de famille le week-end. La séparation des corps a des avantages pour celui

1. Entretien avec Bernard Debré, 15 mars 2018.

qui regarde d'un air gourmand les jolies hôtesses blondes sur le circuit des 24 h du Mans. Tout cela relève de l'anecdote. Mais un épisode aurait pu valoir au pilote amateur une dangereuse sortie de route pendant la campagne présidentielle. Dès le 15 janvier, dix jours avant que le *Canard Enchaîné* ne sorte l'affaire Penelope, bruisse la rumeur de photos compromettantes en compagnie de son attachée de presse Caroline Morard. Les proches de François Fillon s'inquiètent. Le 29 janvier, jour du grand meeting à la Villette, le candidat prend la main de son épouse pour dire à la face des caméras qu'il l'aime et qu'il ne la laissera pas être salie par les révélations sur de supposés emplois fictifs. Pourtant en coulisse, l'avocat et écrivain François Sureau, ami et plume de François Fillon, demande aux organisateurs de la campagne : « Qu'est-ce que c'est que cette histoire de photos ? » Patrick Stefanini comprend qu'il faut éteindre l'incendie. Caroline Morard est convoquée trois jours plus tard dans le bureau du directeur de campagne. « Caroline, comment expliquer la rumeur sur ces photos ? » « Il n'y a pas de photos, si certaines circulent, ce sont des montages », répond la jeune femme. Patrick Stefanini reste sur sa faim. Quelques jours plus tard, le sujet est abordé lors d'une réunion ou prennent place François Fillon, Patrick Stefanini, la directrice de la communication Anne Méaux et sa collaboratrice Myriam Lévy. Le directeur de campagne s'enquiert de « l'histoire des photos » qui se surajoute aux révélations du *Canard Enchaîné*. Les regards d'Anne Méaux et de François Fillon se croisent. « Cette question est réglée », dit le candidat. Patrick Stefanini confiera à ses proches au QG être soulagé d'avoir un problème de moins sur les bras. « Découvrir son addiction à l'argent, c'est déjà beaucoup, mais que les Français apprennent qu'en plus il tromperait sa femme, ce n'est pas possible » dira le directeur de campagne. Les fillonistes ne seront pas pour autant rassurés. La rumeur perdure. Anne Méaux convoque une réunion avec la garde rapprochée du candidat. « Les clichés compromettants ne sortiront pas. La patronne de *Closer* me l'a promis ». Est-ce à dire que les photos existent ? Les fidèles de François Fillon sortent dépités de la réunion en murmurant « il ne manquait plus que ça ». En avril 2017, à trois semaines du premier tour, le magazine *Closer* évoque sagement le sujet. Pas de quoi briser le mythe de l'époux fidèle et du gendre idéal : « Depuis quatre ans, cette jolie blonde de quarante ans (Caroline Morard) est à ses côtés 24 h/24 ». Un autre article sortira : « un bracelet Hermès égaré par la jeune femme dans la chambre de François Fillon lors d'un déplacement à l'hôtel Le Maquis, un 5 étoiles à Porticcio en Corse ». La direction de l'établissement dément l'information. Antonin Lévy l'avocat de François Fillon est obligé de publier un communiqué pour dire que le bracelet a été retrouvé dans la chambre de l'attachée de presse. « Vous croyez qu'une telle histoire a pu être inventée ? » me dit un membre de l'équipe de campagne. Les fillonistes pesteront contre la légèreté de François Fillon. Mais aussi contre l'omniprésence de Caroline Morard. La jeune femme a déménagé pour habiter à côté du domicile de François Fillon dans le 7e arrondissement. L'idée est qu'il puisse partir ensemble le matin pour gagner du temps dans leurs déplacements en province ou sur les plateaux de télé et de radio. Toujours silencieuse, elle suit le candidat comme son ombre, mais son ombre à elle est jugée bien trop envahissante dans une campagne présidentielle par rapport à sa valeur ajoutée supposée. Au QG, une rivalité sourde s'installe entre Myriam Lévy, la communicante de Image 7 qui fut longtemps l'attachée de presse de François Fillon notamment pendant cinq ans à Matignon, et Caroline Morard. Anne Méaux est obligée de jouer de son autorité pour que les deux femmes travaillent ensemble sans trop de non-dits. Cette petite gestion de jalousie féminine pèse sur la coordination de la campagne. Patrick Stefanini est consterné par le spectacle.

Depuis décembre 2017, François Fillon travaille pour la Fédération Internationale de l'Automobile. Il est le président de la commission « constructeur » et consacre donc une partie de son temps à la Formule 1 en plus de son poste de financier chez Tikehau Capital. La discrète et silencieuse Caroline Morard reste fidèle à l'ancien candidat et réciproquement ! Elle est Digital Communication

Manager... à la Fédération Internationale de l'Automobile. François Fillon a transmis son CV à son président Jean Todt.

On aurait dû se méfier...
Il fallait salarier Penelope...

Qu'est ce qui justifiait de salarier Penelope ? Jusqu'en 2012, les députés pouvaient se reverser une partie du crédit collaborateur non utilisé. Nul besoin de passer par sa femme. François Fillon aurait pu garder l'argent pour lui. Oui mais dans la limite de 6 000 euros brut par an environ. Il aurait fallu qu'il soit député pendant 150 ans pour arriver aux mêmes montants de salaires que ceux directement versés à Penelope.

Entre 1986 et 2013, auprès de son mari ou de son suppléant Marc Joulaud, Penelope Fillon a perçu 680 380 euros net, soit une moyenne de 3 600 euros mensuels. « Passe encore de la salarier quand François était député avant Matignon, me dit un ancien membre du staff de campagne. Mais la rémunérer après avoir été nommé Premier ministre, c'est d'une grande imprudence ! » D'autant qu'en 2012 et 2013 Penelope cumule, comme on le sait, emploi à l'Assemblée nationale et emploi chez Marc Ladreit de Lacharrière. Selon Michel Crépu l'ancien directeur de la *Revue des Deux Mondes*, il fallait employer Penelope à la demande du PDG de la revue Marc Ladreit de Lacharrière car « elle s'ennuyait ».

L'ambition de François Fillon était-elle de s'enrichir en salariant son épouse ? Non, le candidat n'a pas péché par vénalité. Il aurait pu gagner plus d'argent en quittant déjà à l'époque le monde politique et il en gagnait déjà beaucoup avec sa société 2F Conseil. Certes il avait un gros train de vie à assumer. Mais l'enjeu était en partie de vouloir donner une autonomie financière et des points retraite à Penelope pendant qu'une partie de sa vie était ailleurs. D'une façon très prosaïque, des parlementaires (hommes bien sûr) m'ont confié : « il l'a payée pour être tranquille ». Penelope était-elle au courant de la liaison supposée entre son mari candidat et son attachée de presse qui est à son service depuis 2013, depuis sa sortie de Matignon ? « Impossible de ne pas le savoir quand toute la classe politique et journalistique sont au fait de cette actualité », me glisse un acteur de la campagne de François Fillon.

Arnaud de Montlaur, un ami du couple Fillon a tout fait pour me dissuader d'évoquer l'histoire des « photos » et son corollaire extra-conjugal[1]. Je l'ai attristé en lui confiant qu'à partir du moment où deux réunions dans une campagne étaient consacrées à une potentielle nouvelle affaire capable de nuire au candidat et de brouiller un peu plus son image, ce ne

1. Entretien avec Arnaud de Montlaur, 17 mai 2018.

pouvait être passé sous silence ! Arnaud de Montlaur respecte beaucoup Penelope Fillon. La femme qui se protège derrière son élégante réserve. Mais dans l'ombre de l'homme politique sommeille sans doute une femme résignée.

Les valeurs : la posture plutôt que la stature

Sur l'affiche, une église romane, quelques toits ramassés. Au loin les douces collines du Morvan. Le candidat est à Sermages en Bourgogne. Il a trouvé la France à laquelle il est attaché : immuable, forte, tranquille, ancrée dans ses racines et ses traditions. Son visage se détachera sur ce paysage. Une France de droite pour un candidat de gauche. Le slogan : « La force tranquille ». Au bout du chemin, la victoire en 1981. Un détail sera néanmoins gommé de l'affiche : la croix sur le clocher. François Mitterrand dira au publicitaire Jacques Séguéla : « Vous en avez assez fait. Ne me transformez pas en calotin ». François Fillon aurait pu choisir la même posture avec l'abbaye de Solesmes en toile de fond. Une abbaye millénaire où résonne la louange chantée en grégorien. Elle est située tout près de son manoir de Beaucé dans la Sarthe. Solesmes, la France éternelle ou l'on s'abrite encore sous le manteau de Dieu. « Je m'y ressource » écrit François Fillon dans son ouvrage *Faire*[1]. Mais quel homme de foi est le candidat à la présidentielle ? Celui qui transgresse les codes de la bienséance laïque en affirmant « Je suis gaulliste et de surcroit chrétien » le 3 janvier 2017 ? François Fillon sait bien ce jour-là que la droite catholique lui fait les yeux de Chimène. Et il a tout fait pour la séduire. Dans son ouvrage *Faire* paru en 2015, livre programme pour un candidat qui vise l'Élysée, il consacre un chapitre entier à la foi. Dans son livre *Vaincre le totalitarisme islamique*[2], paru un an plus tard quand il sème des cailloux blancs pour la primaire, il se pose en croisé face au péril islamiste. Mais François Fillon est-il un authentique chrétien ? Ou sa démarche relève-t-elle d'une manœuvre politique ? Assumera-t-il quelques valeurs chrétiennes jusqu'au bout de sa douloureuse campagne ?

Quand François Fillon dit « Je suis chrétien » sur le plateau de TF1, début janvier 2017, c'est un coup de tonnerre. De François Bayrou, pourtant catholique qui se dit pratiquant, à Manuel Valls en passant par Marine Le Pen et Henri Guaino, tous lui reprochent de mélanger politique et religion. Mais François Fillon assume. En petit comité, à ceux qui l'accusent de faire monter le communautarisme, il rétorque en boutade : « Bien sûr, le communautarisme catholique est insupportable. C'est

1. Albin Michel, 2015.
2. Albin Michel, 2016.

une menace pour la République ! ». Le candidat exprime son identité catholique pour rassurer les Français sur l'humanisme de son programme. Il est alors attaqué sur la sécurité sociale. En confiant « je ne prendrai aucune décision contraire au respect de la dignité de la nature humaine », il rassure l'électorat catholique qui lui a donné l'onction à la primaire et a longtemps attendu un candidat de sa trempe. Preuve de valeurs chevillées au corps, entre les deux tours de la primaire, il assume timidement son hostilité à l'avortement, à titre personnel, face à Alain Juppé. Le maire de Bordeaux l'attaque violemment et tente de le ringardiser façon conservateur fleurant bon avec l'extrême droite. François Fillon reste maître de lui, indigné de tels coups bas. Après sa victoire éclatante à la primaire, ce sera l'état de grâce. La presse s'interroge sur le retour des catholiques en politique. *Libération* titre : « Au secours Jésus revient ! ».

François Fillon, si secret, si pudique, se garde bien de témoigner de sa foi. Pas de zèle évangélique chez lui. Mais il coche toutes les cases du candidat chrétien idéal : marié à la même femme depuis quarante ans, cinq enfants, il cultive une certaine distance, il ne cède pas aux modes. Et il fait campagne sous la bannière de la franchise, de l'honnêteté et de la probité. Les Français respectent la vie privée. Il ne lui est pas demandé de disserter sur la transcendance divine. Mais il sort du lot : enfin un candidat à l'Élysée qui assume franchement ses racines chrétiennes.

L'histoire catholique de François Fillon est enracinée.

« Je suis catholique. J'ai été élevé dans cette tradition et j'ai gardé cette foi (…) Puis j'ai été scout. J'ai connu les dortoirs glacés ou l'on se réveillait aux aurores en proclamant *Deo Gratias* et les réfectoires ou chaque repas commençait par le *benedicite.* » Ainsi commence le chapitre consacré à la Foi dans l'ouvrage *Faire*[1]. François Fillon sera même chef scout et priera avec sa troupe tous les dimanches. La famille Fillon accueille la parole du Christ. Les parents sont engagés dans la vie paroissiale. Le soir de Noël, ils distribuent des cadeaux à des familles démunies. Tout jeune député, François Fillon expliquera ainsi son vote en faveur de l'abolition de la peine capitale en 1981 : « Je suis catholique et j'ai toujours au fond de moi une aversion profonde pour la peine de mort ». Trente-six ans plus tard il est en phase avec lui-même quand il se proclame chrétien sur le plateau de TF1.

Toujours dans *Faire*, il confie avoir des liens forts avec des hommes d'Église. Il voue une grande admiration aux papes Jean Paul II et Benoit XVI. Il

1. Albin Michel, 2015.

souhaite rencontrer le pape François. Il est attiré par la beauté de la liturgie et la grandeur de la pompe ecclésiale. Enfin dans sa famille paternelle, de courageux vendéens ont défendu l'Église contre les révolutionnaires. Bon sang saurait il mentir ?

De quelle foi parle-t-il ?

François Fillon confesse sa foi. Mais dans *Faire* il prévient : « J'ai très tôt réservé ma foi à ma conscience, à l'exercice de ma liberté la plus intime ». Très jeune, il se montre rebelle vis-à-vis de l'institution. « J'assistais à la messe par routine, par obligation, et j'ai souvent trépigné intérieurement quand j'écoutais des prêches qui se réduisaient à des slogans convenus. (...) Combien de fois ai-je eu envie de me lever de mon banc, de monter en chaire, et de réveiller une assemblée endormie, qui n'attendait que le dernier coup de cloche pour foncer à la pâtisserie acheter le dessert du dimanche ». François Fillon résume ainsi sa pratique religieuse d'adulte : « Ma vie spirituelle reste marquée par le message du Christ, mais ma pratique religieuse est assez libre ». Le candidat à la présidentielle ne s'en cache pas. Il n'est pas un pratiquant assidu. Les habitants de Sablé-sur-Sarthe et les moines de l'abbaye de Solesmes croisent Penelope Fillon à la messe. Anglicane, elle s'est convertie au catholicisme. Mais son mari ne met les pieds à l'abbaye qu'une fois par an quand il est invité à déjeuner par les moines bénédictins. Sa foi ne repose pas sur une rencontre véritable avec le Christ. Pas de vie de prière, pas d'ascèse, pas de charité en acte comme chez ses parents. Une vie cachée, rentrée, une intimité cadenassée et un hédonisme peu compatible avec l'enseignement des Évangiles. La foi de François Fillon est sociale, culturelle. Tel un arbre, ses racines l'ont nourrie mais les fruits sont politiques et non spirituels.

Les fruits de son engagement catholique

François Fillon n'a jamais participé à un défilé de la « Manif pour tous ». Mais il a voté contre la loi sur le mariage pour tous. Il interviendra à la tribune de l'Assemblée nationale pour demander au gouvernement de ne pas imposer à la société française une réforme qui heurte beaucoup de consciences. Il proposera une nouvelle écriture de la loi Taubira[1] sans remettre en cause le principe du mariage. Son combat, c'est la filiation. Elle doit rester sacrée et concerner un homme et une femme. Ainsi dans *Faire*, il récuse le « droit à l'enfant ». La ligne rouge est la procréation médicalement assistée pour les couples homosexuels et la gestation pour autrui.

Sur l'avortement, la position de François Fillon est plus ambiguë. Toujours dans *Faire* il relate : « Je

1. Loi du 17 mai 2013 autorisant le mariage homosexuel.

crois au caractère sacré de la vie que m'a enseigné le catholicisme, mais je considère l'interruption volontaire de grossesse comme un droit fondamental ». Un chrétien peut-il parler sans paraître obscène de « droit fondamental » ? Les mots du politique engagé dans la défense de la Vie ne devraient-ils pas être ceux du soutien aux femmes abimées par une IVG ? Lors du débat de l'entre-deux-tours de la primaire, Alain Juppé le somme de clarifier sa position. François Fillon précise alors : « J'ai écrit (dans mon livre) que l'avortement était un droit fondamental. Ce n'est pas ce que je voulais dire (…) C'est un droit sur lequel personne ne reviendra. Philosophiquement et compte tenu de ma foi personnelle, je ne peux pas approuver l'avortement ». « Voilà un homme qui parle en conscience ! », se disent alors les électeurs de la primaire. Mais pourquoi a-t-il donné sa voix en 2014 en faveur de la résolution[1] visant à réaffirmer l'IVG comme un droit fondamental ?

Sa croisade : les chrétiens d'Orient

Traditionnellement, depuis le XIXe siècle, la France s'affiche comme le grand protecteur des chrétiens d'Orient. Mais dans les faits, leur sort n'émeut aucun gouvernement. Déjà, en septembre 1922, le

1. Le texte non contraignant a été voté de façon consensuelle par la plupart des députés le 26 novembre 2014, le jour du 40ème anniversaire de la loi Veil autorisant l'IVG en France.

massacre de Smyrne en Asie Mineure. Entre 10 000 et 100 000 chrétiens tués après l'entrée de Mustapha Kemal dans la ville. Il fondera un an plus tard la première République laïque de Turquie. Un État laïc pour une société religieuse. Mais pas n'importe laquelle. Tout ce qui n'est pas turc et musulman est massacré. Un gigantesque incendie cachera les traces de l'odieux commanditaire. Il ne restera plus rien de la capitale de l'Ionie grecque. Plus une église au beau clocher pour annoncer la messe aux fidèles. Plus aucune école pour enseigner Homère aussi bien que Virgile. Le rayonnement de Smyrne était international. Honteux silence des gouvernements européens qui tolérèrent et facilitèrent ces crimes par leur passivité et leur manque d'entente. Un siècle plus tard, même tragédie et même silence pour les chrétiens d'Orient en Irak et en Syrie. En moins de dix ans, ils ont presque été rayés de la carte. Les sauver, les soutenir, encourager leur retour est l'une des nouvelles préoccupations du catholicisme français. François Fillon l'a perçu. Et dès 2014, il se rend avec Valérie Pécresse en Irak puis au Liban au chevet des chrétiens fuyant les persécutions du groupe État islamique et du Front Al-Nosra, la branche syrienne d'Al-Qaida. En juin 2015, il mène la croisade sur le terrain politique. Il réunit 80 parlementaires au Cirque d'hiver. Il réclame le droit à l'asile politique pour les chrétiens d'Orient. « Nous sommes tous des chrétiens d'Orient » lancera l'ancien Premier Ministre devant plus de 2 000 personnes. Aboutissement de cet engagement, le 15 avril 2017, une semaine avant le premier tour de la présidentielle, il célébrera la Vigile pascale avec les coptes égyptiens à l'Église Sainte Marie et Saint Marc de Châtenay-Malabry dans les Hauts-de-Seine.

À ce combat pour les chrétiens d'Orient se superpose la fermeté de François Fillon vis-à-vis de l'islam. Son ouvrage *Vaincre le totalitarisme islamique*[1] a été un succès en librairie : 70 000 exemplaires vendus en deux mois. Il n'y va pas par quatre chemins : « Non il n'y a pas un problème religieux en France. Oui il y a un problème avec l'islam ». Et sa constance personnelle rassure. Il est le seul des candidats de droite à la primaire à recadrer les évêques de France qui se prononcent le 3 octobre 2016 pour le multiculturalisme, passant par pertes et profits les racines chrétiennes de la France et refusant de soulever les problèmes posés par l'islam politique. Le document épiscopal est salué par Alain Juppé et par la Une du *Monde*. François Fillon, lui, adresse une lettre ouverte aux évêques. Poliment, il souligne que le multiculturalisme n'est pas viable sans l'affirmation des valeurs chrétiennes en France. Il rappelle ensuite la vigilance forte qui lui paraît indispensable face à l'islam.

François Fillon n'a pas uniquement remporté la primaire de la droite grâce à un vote catholique. Mais au second tour de la primaire, 76 % des catholiques

1. Albin Michel, 2016.

qui ont voté ont fait le choix de François Fillon. À l'élection présidentielle, ils étaient 46 %. Au-delà des seuls catholiques, François Fillon a su séduire l'électorat de la droite traditionnelle, angoissée par la montée de l'islam et la perte de ses repères judéo-chrétiens.

Sens Commun : une armée d'influence ?

Il a été beaucoup reproché à François Fillon de s'être appuyé sur Sens Commun, le mouvement politique issu de la Manif pour Tous. En réalité ce sont ses détracteurs qui ont mis en exergue ce soutien. Mais c'est d'abord Sens Commun qui a choisi François Fillon ! La première rencontre s'est faite fin août 2016. Le candidat fait la connaissance du président de Sens Commun Christophe Billan grâce à son ami le banquier Arnaud de Montlaur. « Nous ne sommes pas un parti chrétien. Nous sommes pour la défense de valeurs et pour la permanence du principe humain », me confie Christophe Billan[1]. « Pour nous le ralliement à François Fillon fut une évidence. Nous n'avons pas parlé de religion. Ce qui nous a plu, ce sont ses valeurs familiales enracinées dans un territoire. Et puis, enfin un homme qui ne fait pas de la politique politicienne et qui a compris que le pays avait changé », ajoute-t-il.

1. Entretien avec l'auteur, 14 avril 2018.

François Fillon est de son côté séduit par la capacité de mobilisation de Sens Commun. Le mouvement compte 9 000 membres. Son soutien sera précieux pendant la campagne de la primaire. Les trois dernières semaines, les relais sur le terrain ressentent l'intérêt que suscite François Fillon. Christophe Billan fait part des remontées positives au candidat qu'il a au téléphone. Ensuite, Sens Commun s'occupera de la logistique pour la mobilisation du Trocadéro le 5 mars 2017. On lui doit aussi d'avoir fait tourner le QG de campagne quand la plupart des Républicains l'ont déserté après l'annonce de la mise en examen de François Fillon. Le candidat passait tel une ombre et s'enfermait dans son antre. Les petites mains de Sens Commun plaisantaient en mettant la photo de François Fillon sur leur bureau. « Au moins on le voit ! », disaient les militants.

Pourquoi une petite armée de 9 000 membres a-t-elle fait tant de bruit ? Au point que François Fillon soit obligé de dénoncer « la police de la pensée » à la fin de sa campagne. Sens Commun porte une sensibilité conservatrice. Il sera suspecté d'extrémisme. Il est animé par de nombreux catholiques. Il s'agit donc forcément d'une officine intégriste. Pourtant, y a-t-il eu un péril conservateur lié à l'activisme de Sens Commun ? François Fillon n'a pas eu besoin d'eux pour vouloir abroger le volet sur la filiation dans la loi Taubira. Une telle mesure était déjà dans son livre *Faire* en 2015. Les têtes d'affiche de Sens Commun comme Madeleine de

Jessey et Christophe Billan étaient discrets dans les médias. Pas de revendication propre à affoler un démocrate. Une semaine avant le premier tour de l'élection présidentielle, François Fillon fait savoir que s'il est élu, des membres du mouvement intégreront le gouvernement. « Seriez-vous prêt à prendre des gens de Sens Commun dans votre gouvernement ? » demandent les journalistes. « Et pourquoi ne le ferais-je pas ? » répond le candidat. Tollé des juppéistes. Par la voie de Dominique Bussereau ils parleront de grave erreur et de faute. Cela ressemble pourtant plus à du racolage électoral classique de dernière minute vis-à-vis des électeurs conservateurs et catholiques effrayés par le Penelopegate qu'à une mise sous influence du candidat. Sens Commun avait autant sa place chez les Républicains que les militants de Nathalie Kosciusko Morizet et de Bruno Le Maire. « Ma droite va de François Baroin à Sens Commun », dira le candidat.

Après l'élection présidentielle, François Fillon regrettera que la dernière semaine de sa campagne ait été inaudible sur les grands enjeux pour le pays comme l'endettement de la France ou le terrorisme. Dans la dernière ligne droite, il est chaque jour obligé de se justifier sur son soutien à Sens Commun. Contrairement à ce qui a été insinué à l'époque, il n'a pas regretté l'apport du mouvement issu de la Manif pour tous dans sa campagne. Christophe Billan a depuis quitté la présidence de Sens Commun. Mais il est l'un des rares acteurs de la campagne présidentielle à être resté en contact avec François Fillon.

On aurait dû se méfier… C'est difficile d'être un véritable chrétien !

La fondation pour la défense des chrétiens d'Orient : François Fillon en première ligne ?

Une fondation pour « la coexistence des minorités dont les chrétiens d'Orient ». C'est le souhait de François Fillon. Une fondation phare de ses convictions chrétiennes et de son courage à prendre la défense de peuples opprimés en terre d'Islam. La cause lui tient tellement à cœur que l'homme sort de son silence en juillet 2018. Il lance un appel aux dons dans *Paris Match*. La fondation soutiendra les ONG sur le terrain mais François Fillon veut, en outre, être présent aux côtés de ceux qui sont réfugiés en France. La fondation trouvera des solutions pour aider au retour dans les pays d'origine. Le candidat avait déjà l'idée d'une telle œuvre pendant la campagne de la primaire. Mais quel rôle jouera-t-il précisément ? Il apportera son carnet d'adresse. « Mais il n'est pas question qu'il prenne la lumière et encore moins la parole » me dit son ami Arnaud de Montlaur. J'ajoute : « Y aura-t-il au sein de la fondation des politiques qui encouragent l'initiative de François Fillon ? » « Non, surtout pas d'hommes politiques ! La fondation sera portée par des intellectuels proches de l'ancien Premier ministre ». François Fillon, un acteur parmi d'autres de ce beau combat ?

Humain trop humain…

Peut-on reprocher à François Fillon d'avoir fait les yeux doux à l'électorat catholique pendant la campagne de la primaire et la campagne présidentielle ? Ce n'est pas un péché quand on est un homme politique. Le 15 août 2016, Nicolas Sarkozy, Alain Juppé et François Fillon sont dans les starting-blocks pour la primaire. L'ancien président se rend à la messe de l'Assomption à Bormes-les-Mimosas. Alain Juppé se fait voir dans une église de Bordeaux. François Fillon se recueille à l'abbaye de Solesmes. Hommes incorrigibles ! Ils se demandent sans doute dans la prière combien les catholiques ont de circonscriptions… Le pape François fut d'ailleurs l'invité surprise de la primaire. Dans l'entre-deux-tours, Alain Juppé clame : « Moi je suis proche du pape François ». Réponse de François Fillon : « Je ne suis pas sûr qu'il l'ait bien écouté. Sur de nombreux sujets, le pape dit la même chose que moi ». François Fillon l'emportera. Sa force : ne même pas avoir besoin d'affirmer qu'il est catholique. Avec tous les signaux envoyés en trois ans de campagne il bénéficie d'une présomption de compatibilité. Cependant quand on érige les valeurs chrétiennes en absolu, encore faut-il en être le témoin. La fameuse phrase pour marquer les esprits « Qui imagine le Général de Gaulle mis en examen ? », et affaiblir Nicolas Sarkozy, était-elle vraiment utile ? Dès le soir de sa victoire à la primaire, il aurait dû tendre la main à l'ancien président et à Alain Juppé. La main de la magnanimité. Mais le vainqueur préfère leur tourner le dos et savourer seul l'humiliation qu'il leur inflige. Il ne leur pardonne pas d'avoir été sous-estimé pendant tant d'années. Ce n'est pas charitable pour un homme de foi ! Puis François Fillon se voit déjà à l'Élysée. Il ne rassemble pas sur l'homme qu'il est mais parce qu'il a gagné. Il n'a pas de « disciples » au sens spirituel. Et il ne fait rien pour susciter des vocations. Les fillonistes ont du mérite à suivre un homme qui ne partage rien. Quand viendra l'adversité, François Fillon verra des complots et des hommes prompts à lui nuire partout : tour à tour les journalistes, les juges et le cabinet noir de François Hollande. François Fillon a-t-il oublié les Évangiles ? « Ne regarde pas la paille qui est dans l'œil du voisin mais la poutre qui est dans ton œil » dit le Christ. Mais François Fillon n'a finalement rien vu. Par-delà l'agitation médiatique, judiciaire et politique, il est devenu sourd et aveugle à sa propre vérité.

Enfin, un candidat à la présidentielle qui se targue d'avoir la foi ne devrait-il pas être capable de la plus profonde des humilités ? Laisser sa place quand tout indique que sa victoire est compromise ? Bien sûr, la décision est éminemment difficile à prendre.

Bien sûr, il n'y avait pas de plan B évident. Mais François Fillon s'est-il grandi en restant contre vents et marées ? Sa stratégie personnelle n'était-elle pas complètement suicidaire ? Donc mortifère… Il aurait dû montrer qu'il était capable de mourir à lui-même. Capable d'un dépassement sacrificiel. Comme le blé tombé en terre dans l'Évangile, c'est à ce prix qu'un homme de foi porte du fruit.

François Fillon a finalement beaucoup renié les valeurs qu'il était censé porter. Sans doute, parce qu'au fond de lui, il ne les vivait pas. Ne lui jetons pas la première pierre. C'est un don d'avoir la foi ! Dix jours après le Trocadéro, lors d'un bureau politique où sa mise en examen est au menu des discussions, Jean-François Copé lui dit : « Bon ça suffit François. Tu arrêtes maintenant avec les clins d'œil aux cathos et à la messe. Il faut passer à autre chose dans la campagne ». L'un des protagonistes de la scène me confie : François Fillon était tellement content que Jean-François Copé ne lui assène pas plus de vacheries qu'il lui répond : « Oui tu as raison. D'ailleurs je m'en fous de la messe ! Je n'y vais jamais ! »

« Je ne suis pas un saint » dira le candidat en meeting au bout de son chemin de croix présidentiel. Ce n'est pas ce que les Français lui demandaient. Mais la stature plutôt que la posture aurait donné une autre tournure à l'élection présidentielle.

Complots ?

Tué par les médias ?

Un « assassinat politique » fomenté par « le tribunal médiatique ». Voilà l'assassin tout trouvé le 6 février 2017. C'est en tout cas l'explication donnée par François Fillon. Le candidat à la présidentielle ne manque pas de culot puisqu'il use de ces mots devant 250 journalistes. Ce jour-là, droit dans ses bottes, il assure que les salaires de sa femme et de ses enfants sont « parfaitement justifiés ». La question n'est pas de savoir s'il a été mis en joue par un fantasmatique tribunal médiatique. Si les journalistes font leur travail, il n'y a pas de tribunal médiatique. La campagne présidentielle a néanmoins témoigné régulièrement de la violation du secret de l'instruction. Le principe est-il dépassé ? Le *Canard Enchaîné* a-t-il fait son travail ? L'hebdomadaire s'est-il acharné sur François Fillon d'une façon discutable ? A-t-il contribué à envoyer au cimetière des éléphants de la politique d'autres personnalités ? François Fillon n'a-t-il pas prêté le flanc pour se faire battre, vu ses relations distantes avec les journalistes ? Enquête.

Oui, le Canard Enchaîné *penche à gauche.*

François Fillon aurait dû avoir de la mémoire. Le *Canard Enchaîné* lui fait subir le même sort qu'à Jacques Chaban-Delmas et Valéry Giscard d'Estaing. Le 19 janvier 1971, Chaban, Premier ministre porté par une popularité record, est foudroyé par les révélations du *Canard Enchaîné.* Il est accusé de ne pas avoir payé d'impôts sur le revenu de 1967 à 1970. En vérité, il n'a fait que profiter de l'instauration en 1965 d'un nouveau dispositif : l'avoir fiscal. Dans les faits, il n'a rien commis d'illégal. Il se défend très vite. Mais le coup est mortel. Six mois plus tard il quitte Matignon. Il ne se relèvera pas. Trois ans plus tard, il est éliminé dès le premier tour de la présidentielle de 1974 par Valéry Giscard d'Estaing. « Complot venu de son camp », pensera toujours Chaban, songeant à Jacques Chirac qui fut son secrétaire d'État à l'Économie et aux Finances jusqu'au 7 janvier 1971.

Pour Valéry Giscard d'Estaing, le *Canard Enchaîné* s'est illustré avec l'affaire des diamants de Bokassa. Elle sort le 10 octobre 1979 pour des faits remontant à 1973. Giscard aurait reçu une plaquette de diamants de trente carats de Jean Bedel Bokassa, l'ancien empereur-dictateur centrafricain. Giscard traite l'affaire par le mépris, ce qui alimente le feuilleton ! Qui appelle directement le *Canard Enchaîné* pour une deuxième salve de révélations ? Jean Bedel Bokassa en personne ! Il est furieux que Valéry Giscard d'Estaing ait confié au journaliste Alain Duhamel au sujet des diamants : « j'oppose un démenti catégorique et, j'ajoute, méprisant ». Petite anecdote amusante : quand l'ex-empereur de Centrafrique se présente au téléphone, la secrétaire du journal lui répond : « Et moi je suis la reine d'Angleterre ! ». À cause de cette affaire, Giscard ne connaîtra pas de deuxième sacre lors de la présidentielle de 1981. La gauche exploitera le scandale jusqu'à l'entrée à l'Élysée de François Mitterrand. À l'époque, qui était l'avocat du *Canard Enchaîné* ? Roland Dumas, fidèle compagnon de route du nouveau président…

Jacques Chaban-Delmas et Valéry Giscard d'Estaing n'ont pas été affaiblis en pleine campagne présidentielle. Mais avant. Ils étaient, chaque fois, le candidat tout désigné de la droite pour l'élection suprême. François Fillon, lui, a été violemment déstabilisé par les révélations à trois mois du premier tour. Y a-t-il un précédent ? Oui, même si l'onde de choc ne fut pas du tout comparable. Dans l'entre-deux-tours de la présidentielle de 1981, le 6 mai, l'hebdomadaire sort un article « Papon aide de camp ». Il accuse le ministre du budget de Valéry Giscard d'Estaing d'avoir concouru à la déportation de 1 690 juifs du département de la Gironde. Un collaborateur du *Canard Enchaîné* me confie que l'hebdomadaire appelle François Mitterrand à 4 jours du second tour pour le prévenir et valider avec lui la Une et ses éventuelles conséquences électorales. « Une élection se gagne par paquet de 20 000 voix. Publiez ! » dit Mitterrand. Ainsi Valéry Giscard d'Estaing aura été, par deux fois, dans la ligne de mire du *Canard Enchaîné.* « Affaibli volontairement », me précise le collaborateur de l'hebdomadaire.

Quand on remet les événements et les faits en perspective, force est de constater que le journal a une prédilection pour les hommes de droite. Même s'il n'a pas épargné la gauche. Mais pourquoi n'a-t-il jamais rien sorti sur François Mitterrand ? Pas de scoop dans l'affaire Mazarine. Comme Penelope Fillon, elle concernait pourtant les deniers publics. Pas de scoop non plus sur l'attribution de la francisque et le passé pétainiste de François Mitterrand alors que Alain Peyrefitte eut entre les mains en 1965 la fameuse photo où l'on voit le jeune Mitterrand aux côtés du Maréchal Pétain ! 1965, année où le candidat unique de la gauche affronte à la présidentielle le Général de Gaulle. Rien de décisif non plus dans le scandale Cahuzac révélé par Mediapart. Il n'a pas ignoré les grandes affaires Urba-Gracco[1], ou Elf[2], mais il n'a pas non plus remué le couteau dans

1. Porte sur les conditions d'attribution de marchés publics et concerne le financement occulte du Parti Socialiste depuis 1973. Le volet marseillais porte sur la période 1987-1989.

2. L'affaire porte sur des détournements de fonds de plusieurs millions d'euros entre 1989 et 1993. L'argent circule entre des

la plaie pour Dominique Strauss-Kahn[1]. Quant aux autres affaires qui émaillèrent la campagne présidentielle de 2017, le traitement du *Canard Enchaîné* est à géométrie variable. Il évoque l'enquête sur les assistants parlementaires payés par Bruxelles au sein du Front National en février mais rien sur les faits similaires qui frappent le MODEM ! Les faits sont pourtant connus puisque racontés par Corinne Lepage dans son livre *Les Mains propres*[2] paru en 2015. Il faut attendre juin 2017, donc la fin de la campagne législative, pour voir apparaître dans le *Canard Enchaîné* un article sur le « Dégagisme qui touche le gouvernement ». « Pas moins de quatre ministres poussés vers la sortie », dont François Bayrou. En revanche l'hebdomadaire fait le service minimum pour Emmanuel Macron. En mars 2017, il s'interroge sur la soirée de celui qui est alors ministre de l'Économie en janvier 2016 à Las Vegas. « Les frais flambent. Sans appel d'offre », écrit le journal. Sans curiosité matinée d'un peu de zèle non plus.

Ce n'est néanmoins pas au baromètre de sa sensibilité politique que l'on juge la qualité d'un journal. C'est sur son travail d'information. Et dans ce domaine, le *Canard Enchaîné* est exemplaire. Aux dire d'un collaborateur de l'hebdomadaire, les

---

chefs d'État étrangers et des politiques français dont des fidèles de François Mitterrand et de Charles Pasqua.

1. Affaire du Sofitel à New York, mai 2011.
2. Éditions Autrement, 2014.

journalistes du *Canard* ont été surpris par la tempête médiatique et judiciaire déclenchée à la suite de leurs révélations sur le Penelopegate. Tempête qui atteindra le cœur même de la rédaction ! Au moment où François Fillon se débat comme un beau diable pour prouver tour à tour qu'il est victime des médias, puis des juges, voilà que sort en librairie *Bienvenue place Beauvau*[1], ouvrage sur lequel il s'appuie pour mettre en cause François Hollande et son « cabinet noir ». *Bienvenue place Beauvau* a été écrit par deux journalistes du *Canard Enchaîné* : Didier Hassoux et Christophe Labbé. Non seulement ils fournissent à François Fillon des armes pour se défendre, mais en plus ils font la Une de *Valeurs Actuelles* avec leur enquête. *Valeurs Actuelles* et le *Canard Enchaîné*, c'est le choc des cultures ! Les deux journalistes se font sévèrement remonter les bretelles par le rédacteur-en-chef de l'époque : Louis-Marie Horeau. Ils sont obligés d'aller sur les plateaux de télévision pour dire le contraire de ce qu'ils ont écrit, à savoir que l'idée même de cabinet noir serait un fantasme. Que la droite puisse instrumentaliser les informations de deux journalistes du *Canard Enchaîné*, c'est un comble ! Didier Hassoux et Christophe Labbé seront punis par Louis-Marie Horeau. Ils n'auront plus le droit de signer un papier dans l'hebdomadaire jusqu'à la fin septembre 2017. La sanction est puérile.

1. Robert Laffont, 2017.

Comment le Canard Enchaîné *a-t-il travaillé ?*

Jusqu'au soir du premier tour de la primaire, les journalistes du *Canard Enchaîné* ne s'intéressent pas à François Fillon. Il n'est pas dans leur écran radar… Il ne suscite pas d'intérêt, comme cela est d'ailleurs le cas dans la plupart des rédactions. Mais le soir du 20 novembre 2017, tout change ! François Fillon devient potentiellement le futur président de la République. Alors les journalistes commencent par regarder le document le concernant, accessible à toute carte de presse : sa déclaration de patrimoine. Dans le sillage de l'affaire Cahuzac, depuis 2013, la déclaration est obligatoire. Les documents sont visibles sur le site de la Haute Autorité à la transparence de la vie publique. Que lisent-ils dans cette déclaration dans la case « Rémunération épouse » ? Salariée à la *Revue des Deux Mondes.* Dès le mois de décembre, le *Canard Enchaîné* interroge donc la *Revue des Deux Mondes* sur le travail effectué par Penelope. Il insiste, intrigué par le fait que Madame Fillon a toujours revendiqué un discret statut de mère au foyer. Il arrive à connaître ses émoluments pour quelques notes écrites pour la prestigieuse revue : 100 000 euros pour 18 mois de collaboration, un travail normalement payé 150 euros brut la note de lecture pour un collaborateur lambda. Il n'est pas difficile d'obtenir le montant de sa rémunération tant elle devait agacer, même si Michel Crépu, le rédacteur en chef de la *Revue des Deux Mondes* à l'époque, a toujours affirmé qu'il n'était pas au courant du travail de Penelope Fillon puisqu'il ne l'avait jamais vu.

Dans le même temps, les journalistes du *Canard Enchaîné* mènent des investigations du côté de l'Assemblée nationale. Ont-ils été guidés ? Là encore, il est très facile de glisser une information à l'oreille d'un journaliste. Et tant de temps après les révélations, un nom est toujours évoqué pour être à l'origine de l'affaire. Celui de Nicolas Sarkozy ! « Lui ne pouvait pas ne pas être au courant pour le travail de Penelope. Il savait tout sur son ancien Premier ministre », me confie un acteur de la campagne. Le nom de Claude Bartolone a aussi été évoqué. Un président de l'Assemblée nationale socialiste peut prendre un malin plaisir à nourrir les journalistes du *Canard Enchaîné*. Le ministère des Finances a aussi été soupçonné d'avoir alimenté l'hebdomadaire. Mais Michel Sapin, à la tête de Bercy à l'époque, rappelle qu'il connaît le montant des revenus déclarés mais qu'il n'a pas accès à des feuilles de paie ! Or les journalistes ont eu accès à des bulletins de salaire. C'est donc au sein de l'Assemblée nationale que les fuites ont été orchestrées. Dans les jours sombres de la défaite, François Fillon ruminera en disant chercher et espérer trouver celui ou celle qui « l'avait balancé ». Aveux dans ses propos ! Ah il y avait donc bien quelque chose à « balancer » ! Tous les proches de François Fillon fantasmeront. Des attachés parlementaires trop bavards ? Rachida Dati et ses tweets vengeurs qui en juillet 2014 disait : « L'habit ne fait pas le moine. Que François Fillon soit transparent sur ses frais, ses collaborateurs et Force Républicaine ! » ? Interrogés sur la fantasmatique taupe, des députés fillonistes m'ont confié être surpris. Encore fallait-il savoir que Penelope Fillon travaillait ! Et personne ne se posait de questions car bon nombre de parlementaires employaient des membres de leur famille.

Isabelle Barré et Hervé Liffran, les journalistes du *Canard* qui ont enquêté sur les salaires de Penelope, réfutent l'idée même de taupe. « Ce n'est pas un informateur qui nous a apporté quoi que ce soit ». Première salve de révélations le 24 janvier au soir : Penelope a été payée comme assistante parlementaire en 2012 et 2013. À ce titre, elle cumule deux plein-temps avec la *Revue des Deux Mondes*. 4 800 euros brut mensuel à l'Assemblée nationale. 5 000 euros brut mensuel à la *Revue des Deux Mondes*. 9 800 bruts mensuels pour des emplois présumés fictifs. L'effet est ravageur pour le candidat à la mine probe et austère et sa discrète épouse.

Toujours est-il que le *Canard Enchaîné* ne sort jamais d'information sans demander confirmation à l'intéressé et à son entourage. Ainsi, le journal adresse par courrier dès l'entre-deux-tours de la primaire, le 25 novembre, un questionnaire à Image 7 la société de communication d'Anne Méaux. Les interrogations portent sur l'activité de 2 F Conseil, sur le patrimoine immobilier du candidat et sur sa « collection » de montres (Deux montres identifiées pour un montant total de 25 000 euros. Il s'agit de deux cadeaux). Myriam Lévy d'Image 7 transmet par écrit les réponses du candidat. Le 30 novembre, un premier article paraît dans les colonnes du *Canard*. Un article consacré à 2F Conseil. Le 4 janvier un autre suivra sur le manoir de Beaucé dans la Sarthe. Rien sur les salaires de Penelope. Mais le palmipède est déjà sur la piste des émoluments reçus par l'épouse du vainqueur de la primaire. L'hebdomadaire adresse donc à Image 7 le 13 janvier un nouveau courrier pour lui demander des précisions. C'est la première fois que François Fillon est interrogé sur l'argent touché par sa femme. Le 16 janvier réponse du candidat via Myriam Lévy : la hausse des revenus correspond à un à-valoir versé par son éditeur ainsi qu'aux revenus de Madame Fillon. Pas plus de détails… Le *Canard* persiste et signe. Le lundi 23 janvier au matin, le volatile informe le candidat et son épouse des dernières découvertes. Il leur pose de nouvelles questions. Par mail mais aussi par courrier directement porté au domicile des Fillon et au QG de campagne. Le soir du 23 janvier, réponse lapidaire par texto de Image 7 : « Il n'y aura pas de réponse à votre courrier ». Nous sommes à la veille de la parution du *Canard Enchaîné*. Le mutisme de François Fillon n'empêchera pas la campagne d'entrer dans une terrible tempête.

Le Canard Enchaîné *s'est-il acharné sur François Fillon ?*

Que va-t-il y avoir encore dans le *Canard* ? Inquiétude des proches de François Fillon tous les mardis soir qui suivirent les funestes révélations du 24 janvier. Le suspense et les lignes lues sur le fil Twitter de leur smartphone pour connaître d'autres révélations tenaient lieu de supplice chinois. J'ai été témoin de l'anxiété de certains fillonistes. Et ils furent achevés quand, en direct le 26 janvier, François Fillon annonce lui-même sur le plateau de TF1 avoir non seulement rémunéré son épouse mais aussi ses enfants. Le *Canard Enchaîné* s'en donne alors à cœur joie pour enquêter et rebondir. L'hebdomadaire a pour habitude de feuilletonner. C'est normal. Il faut qu'il vende des journaux et qu'il garde la main pour ne pas laisser ses concurrents lui voler la vedette. François Fillon n'a pas été, tel saint Sébastien, le seul martyr de la presse à se prendre toutes les semaines des flèches. Mais il a vraiment prêté le flanc car il y avait de quoi le faire souffrir ! « Quand un homme est à terre, les informations arrivent au *Canard* pour l'achever », me dit un collaborateur de l'hebdomadaire. Par courrier, par mail, le collaborateur croisé il y a trente ans, l'élu que vous ne saluez pas, l'amante trahie… François Fillon ayant pour habitude de ne jamais dire merci, et de ne jamais renvoyer l'ascenseur, le *Canard* a pu être alimenté par de nombreux ennemis de l'homme politique. Il suffit qu'un témoin de certains faits soit choqué et se prenne à jouer les lanceurs d'alerte, ce qui est très à la mode. Ainsi c'est le personnel administratif du ministère des Finances qui alertera le *Canard Enchaîné* sur les dépenses somptuaires de Cécilia Sarkozy à Bercy. Il avait en travers de la gorge sa collection d'écrans plats installés au frais du contribuable dans chaque pièce du logement de fonction. Comme l'a dit François Hollande (en lice pour le grand prix de l'humour politique) : « Heureusement que le *Canard enchaîné* est un hebdomadaire et pas un quotidien, sinon imaginez où on en serait avec Fillon ! ».

Mais est-ce la faute du *Canard Enchaîné* si la pêche aux infos a été si bonne ? François Fillon dit qu'il n'a rien fait d'illégal. À l'époque, en tant que député, il était le patron de ses assistants parlementaires et il leur versait la rémunération qu'il voulait. Les bulletins de salaires ont été validés par l'Assemblée nationale. Mais la question du travail de sa femme, la question du salaire de ses enfants dont une partie lui a été rétrocédée, l'histoire des costumes, ça fait beaucoup ! Et ultime coup de grâce pour le candidat, à dix jours du premier tour de l'élection présidentielle, le journal annonce de nouvelles révélations sur le travail de Penelope. François Fillon dépose plainte pour propagation de fausses nouvelles ayant eu pour effet de détourner des suffrages. Une plainte contre le *Canard Enchaîné* classée sans suite en novembre 2017. La diffusion de fausses nouvelles ne paraît pas constituée pour les enquêteurs, et surtout, le parquet confirme les informations données par l'hebdomadaire : oui, Penelope Fillon a été rémunérée pendant 15 mois, à partir d'avril 1980 et jusqu'au 31 juillet 1981 par la Direction régionale des finances publiques de Paris. Avril 1980 ! François et Penelope ne sont pas encore mariés ! Union civile le 31 mai 1980. Ils emménagent dans un appartement de la rue Lecourbe à Paris en septembre 1980... Certes François vit déjà en semaine dans la capitale. Il est chargé de mission par Joël Le Theule au ministère des Transports puis au ministère de la Défense. Sa jeune épouse fraichement débarquée de son pays natal juste avant le mariage aurait déjà eu des velléités de vie professionnelle intense ? Je suis comme le *Canard Enchaîné*... je doute. Et si François Fillon pensait plutôt qu'il était bien commode de faire bouillir la marmite à deux ? Pour vivre à l'aise et au train de vie certain ? La liberté, le confort en profitant d'un système. À l'époque, c'était formidable. Pas d'internet, pas de téléphone portable pour prendre des photos volées et, logiquement, pas l'idée de rendre des comptes aux Français en tant qu'élu.

François Fillon et les journalistes : je ne t'aime pas du tout, moi non plus.

Quand survient le jour sinistre pour la fillonie du 24 janvier 2017, les proches du candidat s'interrogeront comme bon nombre de Français. Pourquoi le *Canard Enchaîné* sort-il de telles informations maintenant ? Pourquoi pas pendant la primaire ? Tout simplement parce que les journalistes n'avaient pas misé un kopeck sur François Fillon et qu'à ce titre aucune rédaction n'avait fait le service minimum en terme d'investigation. Mais le soir du 20 novembre le parcours du futur vainqueur de la primaire suscite enfin de l'intérêt et de la curiosité. S'il bat Alain Juppé, ce qui est plus que prévisible vu les résultats du premier tour, il est désormais le favori de l'élection présidentielle !

« Qu'est-ce que tu lui trouves à François Fillon ? » Ainsi m'interrogeait dubitatif Jean Jacques Bourdin juste avant d'interviewer celui qui était ministre des Affaires sociales, du travail et de la solidarité. C'était en 2003 dans le studio de RMC. À l'époque bien que numéro 3 du gouvernement, François Fillon ne passionnait pas les journalistes. Et il ne les a jamais passionnés ! Pour une raison simple, François Fillon s'est volontairement soustrait depuis ses plus jeunes années en politique à la curiosité des journalistes. Son goût pour la dissimulation de sa vie d'hédoniste et son amour de l'argent le poussait à les tenir à distance. Trop de choses à cacher. Il aurait fallu avant l'heure expliquer si Penelope travaillait vraiment. Pourquoi un double salaire à l'Assemblée nationale et chez son ami Marc Ladreit de Lacharrière. Bref, l'homme qui proclame la vérité en politique est incapable de partager la sienne et de l'assumer. Alors les journalistes auront bon dos pendant la campagne présidentielle. Pourtant François Fillon devrait être heureux d'avoir été en paix pendant plus de 30 ans de vie politique ! Les quelques articles qui lui ont été consacrés étaient toujours à son avantage, pour vendre son image, le plus souvent dans *Paris Match*. Pour le reste morne plaine. Les journalistes n'avaient pas d'animosité particulière. François Fillon avait réussi la performance de ne plus provoquer le moindre intérêt. Alors quand vint l'heure de la campagne de la primaire, peu de retombées médiatiques. Sa rentrée à Sablé-sur-Sarthe le 28 août 2016 ne mérite même pas une ligne dans le *Journal du Dimanche* ou dans le *Parisien* le dimanche matin. C'est la rançon du mépris. François Fillon méprise les journalistes. Les journalistes l'ignorent. Pour la primaire, ils installent le match entre Nicolas Sarkozy et Alain Juppé, tous deux portés en tête dans les sondages.

Pendant la campagne de la primaire, l'absence de retombée médiatique devient un sujet. Les parlementaires s'inquiètent. Leur candidat ne décolle pas. Ses propositions sont à peine évoquées dans les journaux. Il faut que le journaliste soit particulièrement motivé pour suivre le candidat. Les gardiennes du temple de sa communication et de ses relations presse Myriam Lévy et Caroline Morard pratiquent la même langue que leur patron : celle du silence et de l'indifférence. Avril 2014, première conférence programmatique de la campagne de la primaire. Elle est consacrée à l'éducation. François Fillon donne son accord pour prendre un petit déjeuner tôt le matin avec les journalistes avant la conférence de presse. Patrick Stefanini confie dans *Déflagration*[1] que François Fillon annulera la rencontre 48 h avant, sans motif. La conférence de presse ne réunira que quelques journalistes et non plus la cinquantaine escomptée. Les retombées presse seront inexistantes. Même flop médiatique quand il s'agit de rendre compte d'un meeting. En avril 2016, Anne Méaux, la directrice de l'Agence Image 7 est rappelée à la rescousse pour créer un sursaut autour de son poulain. Une réunion de cadre est organisée à l'hôtel Mariott à Paris. Elle prend soin d'inviter 40 journalistes politiques. Buffet déjeuner auquel daigne participer François Fillon. Il aura cette formule : « Je veux casser la baraque » que retiendront mes confrères dans leurs papiers. L'aversion de l'ancien Premier ministre envers les journalistes est telle qu'il ne s'aventure jamais quand il est député de Paris dans la Salle des Quatre Colonnes[2] à l'Assemblée nationale. En pleine campagne pour la primaire, alors que les lieutenants de Nicolas Sarkozy et d'Alain Juppé se pressent devant les micros et les forêts de caméras pour porter la parole de leur candidat, lui répond

1. *Déflagration, dans le secret d'une élection impossible*, co-écrit avec Carole Barjon, Robert Laffont, 2017.

2. Lieu où les journalistes interviewent traditionnellement les députés. Ils traversent la salle des Quatre-Colonnes pour se rendre à l'hémicycle.

à un député filloniste qui n'en est toujours pas revenu : « Certainement pas les Quatre Colonnes ! Il faudrait que je parle aux journalistes !

François Fillon a fait de cette mise à distance une marque de fabrique qui lui a réussi pendant la campagne de la primaire et ensuite pendant les débats télévisés pour la présidentielle. Pas de bavardage, pas de temps à perdre avec des questions qui ne sont pas à la hauteur des enjeux pour la France. Soit. De rares déjeuners et encore... Avec l'élite des éditorialistes. Un ancien Premier ministre a un rang à tenir. Mais ce que répugne à faire François Fillon depuis son entrée en politique, c'est de tisser des relations professionnelles, d'identifier certains confrères dans les rédactions pour faire savoir ce qu'il fait : son travail parlementaire, ses idées pour la France, son avis sur telle ou telle gouvernance. Je me souviens de Jean-François Copé président de l'UMP. Toutes les semaines il invitait une dizaine de journalistes dont je faisais partie pour deviser autour d'un petit déjeuner. Ces rencontres « off » permettent de nourrir les papiers et de mieux connaitre l'homme. Mais quel journaliste peut se targuer de vraiment connaître François Fillon ? Quand surviendront les affaires, comment sincèrement faire la part du personnage entre l'ombre et la lumière quand on ne connaît que son ombre portée par le soleil des autres ?

Paroxysme du comportement du candidat de la droite à l'élection présidentielle, François Fillon agite la thèse du complot médiatique. Jean-Pierre

Raffarin fait siffler les journalistes lors d'un meeting à Poitiers le soir du 9 février 2017. « Ils œuvrent à une entreprise de démolition », dit-il. Tension extrême vis-à-vis des médias qui tireraient les ficelles d'un complot : certains journalistes se feront cracher dessus par des militants.

François Fillon arrive encore pendant la campagne à rencontrer quelques journalistes. Mais il ne fait même pas le service minimum ! Le 21 mars 2017, il invite huit confrères de la presse régionale au restaurant *D'chez eux*, une table réputée et plutôt cossue du 7e arrondissement de Paris. Au moment de payer l'addition, flottement… L'attachée de presse de François Fillon Caroline Morard se lève et clame : « chacun paie sa part ». Puis le duo prend la poudre d'escampette sans régler sa propre addition ! Les journalistes interloqués se partageront la douloureuse. Curieux de la part d'un ancien Premier ministre, candidat à la présidentielle, englué dans des affaires qui révèlent chez lui un problème avec l'argent ! Et voilà qu'il donne en plus aux journalistes l'occasion d'écrire qu'il est radin ! Incorrigible François Fillon qui se moque pas mal de donner le bâton pour se faire battre. L'homme est coutumier du fait. Bien avant la campagne, le 30 septembre 2013, je le retrouvais au restaurant *Chez Françoise* avec mes confrères de BFM TV. Meilleur vin, bon repas, intelligente conversation et distinction mais là encore l'addition pour les journalistes et le duo Fillon-Morard qui s'échappe comme des petites souris. À quoi servent donc les indemnités de frais de représentation de mandat ? Dire que François Fillon a osé confier qu'il n'arrivait pas à mettre un sou de côté quand il fut interrogé sur RMC et BFM TV par Jean-Jacques Bourdin trois semaines avant le premier tour de l'élection présidentielle…

On aurait dû se méfier… Il a dissimulé.

Pourquoi François Fillon n'a-t-il pas tenté d'éteindre le feu qui couvait depuis le mois de décembre sur les salaires de Penelope à la *Revue des Deux Mondes* et dès le 13 janvier sur ceux de l'Assemblée nationale quand ils font pour la première fois l'objet d'interrogation de la part des journalistes du *Canard Enchaîné* ? Pourquoi ne pas avoir immédiatement convoqué sa garde rapprochée pour envisager une stratégie de défense ? François Fillon répugne à la confrontation. Il ne sait pas se battre. Comme lors de l'élection à la présidence de l'UMP, il a toujours eu l'habitude d'envoyer des députés qui endossent le rôle de sniper pour le défendre. Mais là pour la première fois de sa vie, personne ne peut faire le travail à sa place. Ce sont ses secrets et son intimité qui sont étalés en place publique. Alors François Fillon fait comme si de rien n'était. Juste avant Noël, il informe mollement Gérard Larcher que les journalistes cherchent à vérifier le travail de Penelope à la *Revue des Deux Mondes*. Désormais fini le temps où il disait qu'il n'était pas informé ! Fini la posture où l'article du 24 janvier est une attaque ignoble à sa probité. Dès l'entre-deux-tours de la primaire, François Fillon sait que des journalistes cherchent à savoir qui est l'homme caché derrière le candidat. Et leur démarche est logique. Myriam Lévy, sa conseillère en communication, est aussi au courant puisqu'elle réceptionne les questions du *Canard Enchaîné*. Comment penser alors que Anne Méaux, elle, tombe de l'armoire en tant que patronne de Myriam Lévy au sein de l'agence Image 7 ? Anne Méaux était à l'Élysée l'attachée de presse de Valéry Giscard d'Estaing entre 1979 et 1981 quand il fallut gérer une crise majeure : l'affaire des diamants de Bokassa. Nicolas Sarkozy lui donnera un coup de griffe quand François Fillon sera attaqué : « elle fait de la com' comme avec Giscard dans les années 70-80 ». Patrick Stefanini dira, lui, ignorer les révélations et être blessé de ne pas partager la confidence avec Gérard Larcher. Le directeur de campagne comme les fillonistes récuseront l'attitude de François Fillon. Il eût été si simple de pouvoir anticiper et de préparer la riposte !

Brice Hortefeux me confia l'étonnement de Nicolas Sarkozy quand François Fillon fut emporté dans la tourmente de l'affaire Penelope. Confidence de l'ex-président : « Tu imagines l'énergie qu'il a mis toute sa vie dans sa capacité de dissimulation ? J'en ai parlé avec Jacques Attali. C'est sidérant ! » Et impensable pour Nicolas Sarkozy dont le côté bling-bling et *cash* a été si critiqué. Non seulement François Fillon a dissimulé tout un système familial mis en place pour lui assurer un très confortable train de vie, mais, en plus, il fait celui qui n'est pas au courant. « Dans les jours qui suivirent les accusations de l'hebdomadaire satirique, François Fillon semblait lui aussi les découvrir », écrit Patrick Stefanini[1]. Stupéfiant ! Le soir du 24 janvier, au QG, ses soutiens sont décontenancés mais lui reste stoïque. Le lendemain quand le parquet national financier ouvre l'enquête préliminaire, Patrick Stefanini regrettera de ne pas avoir pris 48 h pour travailler la défense du candidat. « Construire une riposte articulant le politique, le judiciaire, l'événementiel et la communication. Réviser notre stratégie de campagne pour l'adapter à un accident sans précédent dans une campagne présidentielle ». Il y eut bien une réunion de crise au QG avec des avocats appelés à la rescousse le soir du 25 janvier. Mais ce fut pour décider de se jeter dans la gueule du loup.

Pendant la campagne présidentielle, la litanie des révélations des journalistes a parfois agacé. Mais aucun n'a été attaqué pour avoir divulgué des faits non avérés. François Fillon et ses secrets ont offert un formidable terrain de chasse et d'investigation. En trois mois, entre le 24 janvier et le 23 avril, jour du premier tour de l'élection présidentielle,

1. *Déflagration, dans les coulisses d'une élection impossible*, co-écrit avec Carole Barjon, Robert Laffont, 2017.

le *Canard Enchaîné* a sorti trois mardis de suite des informations sur les emplois et les salaires de Penelope. Puis, plus rien jusqu'au 8 mars et le prêt de 50 000 euros consenti sans intérêt par Marc Ladreit de Lacharrière à François Fillon. Dernière et cinquième salve de révélations : dix jours avant le premier tour de la présidentielle, sur un emploi qu'aurait occupé Penelope dès 1980. *Le Monde* consacre lui un article le 1er février aux sommes que rapporte 2FConseil, la société de François Fillon. Le *Journal du Dimanche* sort le 12 mars l'affaire des costumes. *Le Parisien* raconte le 14 mars que les enfants Fillon ont rétrocédé une partie de leurs salaires touchés au Sénat à leurs parents. Huit articles de révélations étalés sur trois mois. Il n'y a pas eu d'acharnement de la part de la presse sur le candidat. Les faits sont les faits et ces faits ont été rapportés. S'il n'y avait rien à raconter, les journalistes n'auraient pas accablé le candidat. Fallait-il feuilletonner pour le *Canard Enchaîné* trois semaines de suite durant une campagne présidentielle ? Oui ! C'est le prix de la démocratie ! Qu'aurait-on dit si les journalistes avaient caché les faits ! Mais attention, est-on pour autant encore en démocratie quand le secret de l'instruction est bafoué ? Quand les articles ne portent plus sur le train de vie du candidat et de son épouse, mais qu'ils se font l'écho de l'implacable machine judiciaire avec son lot de convocations, de perquisitions, d'auditions et de mises en examen. La campagne a été saturée par l'emballement médiatique lié à l'activisme des magistrats. Ainsi les 19 procès-verbaux de l'affaire Fillon ont été reproduits dans le *Journal du Dimanche* du 5 mars 2017. Ainsi Marie Fillon confie aux enquêteurs le 9 février 2017 qu'elle a rétrocédé une partie de son salaire d'assistante parlementaire au Sénat à ses parents pour rembourser son mariage. Les faits sont rapportés en détail dans *Le Parisien* le 14 mars.

Le secret de l'instruction est-il un principe dépassé ? Hypocrite ? Les fuites sont souvent organisées par les magistrats, les greffiers, les officiers de police judiciaire ou bien encore les avocats. Celles constatées dans le « Penelopegate » ne sont pas une première. Cependant, la campagne présidentielle de 2017 semble montrer que nous avons quitté le vieux monde en ce domaine. Et les magistrats assument. En mars 2018, lors d'un colloque consacré à cette question, le juge Renaud Van Ruymbeke, juge d'instruction au pôle financier de Paris, déclare : « Le secret de l'instruction est complètement dépassé, décalé. Vous allez assurer, aujourd'hui, le secret de l'instruction dans l'affaire de la Libye en disant : on ne dit plus rien ? » (Des propos tenus alors que Nicolas Sarkozy est mis en examen depuis deux jours dans l'enquête sur les soupçons de financement libyen de sa campagne présidentielle de 2007). Le magistrat ajoute qu'il faut remettre à plat ce système de pseudo-secret qui laisse place à toutes les dérives et qui permet aussi à de fausses informations de circuler. Il faut qu'on en sorte ». Le juge Van

Ruymbeke rappelle alors les progrès réalisés par la justice. Sous la IIIe et IVe République il y avait des scandales étouffés. Mais si les magistrats trouvent normal d'alimenter les médias et de ne plus attendre dix ans que la justice soit rendue pour parler d'une affaire, il faut en accepter le corollaire : la justice n'est plus rendue au tribunal. Le peuple tranche à coup de *tweet*, abreuvé d'informations sur les chaines de télévision en continu. Il exécute, tel un jury populaire auto-érigé dans les consciences. Et dans une élection présidentielle, l'électeur condamne. Pas de sursis pour François Fillon. Il est condamné à mort avant d'être jugé.

Faut-il que tout soit permis au nom de la transparence et de l'immédiateté ? Pour François Fillon les journalistes se sont tout permis, mais ils ont été aidés par la violation du secret de l'instruction. Bafouer un tel principe pose question. Sur le plan du respect de la présomption d'innocence d'un homme, c'est aussi choquant et dangereux que de bafouer le secret médical. La violation du secret de l'instruction est punie d'un an d'emprisonnement et de 15 000 euros d'amende. Tout le monde semble l'oublier.

Une justice particulière pour François Fillon ?

« Qu'est-ce que c'est que cette histoire ? » Le soir du 24 janvier 2017, bien des Républicains sont incrédules. Ils découvrent sur leur smartphone les informations du *Canard Enchaîné* à paraitre le lendemain. Informations relayées dans une dépêche AFP. Certains sont en train de tirer la galette des rois au QG de campagne où la fève est un chat noir. François Fillon aurait salarié sa femme comme attachée parlementaire ? Et alors ? La plupart des parlementaires emploient ou ont employé un membre de leur famille. Il n'y a pas de quoi fouetter un chat ! Même s'il est noir… Cependant les troupes sont décontenancées de découvrir un pan de la vie de François Fillon qu'elles ne soupçonnaient pas. L'AFP relate aussi l'emploi de Penelope Fillon à la *Revue des Deux Mondes*. Ah cette épouse si discrète aurait donc travaillé ? Par pudeur face à un candidat si pudique, personne ne se pose plus de question. Le sommeil des guerriers parés pour la présidentielle n'est pas durablement troublé. Le lendemain dans l'après-midi, en revanche, c'est le coup de tonnerre. À 15 h 25, le *Parisien* annonce : « Affaire Penelope Fillon : le parquet financier ouvre une enquête préliminaire ». La procédure est ouverte pour détournement de fonds publics, abus de biens sociaux et recel de ces délits. François Fillon est à Bordeaux. Il prononce un discours pour célébrer la naissance du mouvement de Virginie Calmels : Droitelib. Ensuite il s'éclipse, mâchoires serrées, sans un mot pour les journalistes. Le soir même réunion de crise à son QG. Le candidat semble prendre conscience de la gravité de la situation. Il demande à être reçu au parquet financier dans les plus brefs délais.

Que contient l'article du *Canard Enchaîné* pour mériter l'ouverture aussi rapide d'une enquête préliminaire sur la foi d'un article de presse ? Il ne fait pas la Une de l'hebdomadaire. Mais c'est une pleine page intitulée : « Pour Fillon, Penelope est un bon filon. » Avec comme sous-titre : « 600 000 euros de salaire en six ans : l'épouse au foyer a rempli le bas de laine sans se fatiguer, grâce à des emplois très aidés ». Les journalistes relatent que Penelope Fillon a été assistante parlementaire de son mari lorsqu'il était député de la Sarthe entre 1998 et 2002. Sur l'enveloppe mensuelle de 9 561 euros par mois attribué à chaque parlementaire pour rémunérer des collaborateurs, elle touche 3 900 euros bruts mensuels en 2001, 4 600 euros brut mensuels en 2002. En mai 2002, François Fillon est nommé ministre des

Affaires sociales et du Travail. Son suppléant Marc Joulaud prend Penelope comme assistante parlementaire. Salaire : 6 900 euros brut par mois, porté à 7 900 euros en 2006. Le contrat se termine le 31 août 2007, trois mois après la nomination de François Fillon à Matignon. En juin 2012, François Fillon est élu député de Paris. Penelope reprend du service pour un salaire de 4 600 euros jusqu'à la fin 2013. Cela n'aurait rien d'illégal si Penelope Fillon avait réellement occupé la fonction d'assistante parlementaire. Mais le *Canard Enchaîné* affirme que « Penny ne laisse aucune trace d'activité, ni à Paris, ni à Sablé-sur-Sarthe ». Il cite Jeanne Robinson-Behre, autre attachée parlementaire de François Fillon, qui confie : « Je n'ai jamais travaillé avec elle. Je ne la connaissais que comme femme du ministre ». Dans cette même édition du 25 janvier, un autre article relate que le 2 mai 2012, alors que Penelope vient de redevenir assistante parlementaire de son mari, elle est embauchée à la *Revue des Deux Mondes* comme conseillère littéraire pour 5 000 euros brut par mois. Le contrat a pris fin le 31 décembre 2013.

Dès le 27 janvier, les policiers entendent la journaliste Christine Kelly auteur d'une biographie de François Fillon et Michel Crépu, le directeur de la *Revue des Deux Mondes* qui ne se gène pas pour dire qu'il n'a jamais rencontré Penelope Fillon. Christine Kelly confie son étonnement. Lors de son enquête, jamais l'épouse du candidat ne s'est présentée autrement que comme mère au foyer. Le

30 janvier, Penelope et François Fillon sont interrogés, chacun, pendant près de cinq heures par les policiers de l'Office Central. Le lendemain, ils procèdent à une perquisition dans les bureaux de l'Assemblée nationale. L'autorisation nécessaire a été donnée par Claude Bartolone le président socialiste de l'Assemblée. « Je n'ai pas été traité comme un justiciable comme les autres. L'enquête préliminaire a été ouverte en quelques heures », clame François Fillon. C'est vrai. Une telle célérité est exceptionnelle. C'est du jamais vu. Des ténors du barreau comme Éric Dupont-Moretti s'en sont émus. Ce n'était qu'un début.

Le mardi 31 janvier dans l'après-midi, tous les soutiens de François Fillon sont fébriles. Ils regardent fiévreusement leur compte Twitter, leurs courriels, les alertes Info. Que va encore sortir le *Canard* ? En bons politiques, ils pressentent que le candidat ne sera pas épargné. Mais ils espèrent le voir passer à travers les balles. Pas de chance. L'hebdomadaire a encore des munitions. La deuxième offensive fait encore plus de mal que la première. Le journal revoie à la hausse les rémunérations perçues par Penelope qui s'élèveraient à 831 440 euros brut car elle a travaillé à partir de 1988, soit dix ans plus tôt qu'annoncé initialement, et ce jusqu'en 2013. Bouquet final : le *Canard Enchaîné* s'est penché sur les salaires des enfants Marie et Charles Fillon. Leur candidat de père a révélé l'information en direct sur le plateau de TF1 le 26 janvier au soir. Les enfants n'apparaissaient pas sur les écrans radars de la rédaction. Mais les journalistes ont vite mené l'enquête : 84 000 euros comme assistants parlementaires lorsque François Fillon est sénateur entre 2005 et 2007.

Commence alors l'emballement médiatique. Et pour les partisans du candidat, cela ressemble à de l'acharnement médiatique. De bonne guerre dans le monde des médias, le quotidien *Le Monde* tente de voler la vedette au *Canard Enchaîné*. Le 1er février, il publie le chiffre d'affaire réalisé par la société 2F Conseil de François Fillon : un peu plus d'un million d'euros réalisé entre juin 2012 et décembre 2015. 757 256 euros de salaire et de bénéfices pour François Fillon. Rien d'illégal mais les révélations écornent l'image d'austérité et le discours de rigueur du candidat. En parallèle, c'est l'emballement judiciaire. Le 2 février, le parquet national financier étend l'enquête aux faits concernant les enfants Fillon.

Le 6 février, le candidat de la droite à la présidentielle tente d'arrêter la machine infernale. Opération Vérité devant les journalistes. Une conférence de presse se tient au QG de campagne. François Fillon révèle son patrimoine, il détaille le travail de sa femme et celui de ses enfants. Il précise les activités de 2F Conseil. Il maintient qu'il n'a rien à se reprocher. Il révèle ainsi que Penelope a travaillé dès 1986 et qu'elle a perçu sur quinze ans d'activité 3 677 euros net mensuel en moyenne avec une pointe à 6 000 euros net quand elle était l'assistante parlementaire de Marc Joulaud. « En travaillant avec ma femme et mes enfants, j'ai privilégié cette relation de confiance qui aujourd'hui suscite la défiance. C'était une erreur. Je le regrette profondément et je présente mes excuses aux Français ». Mais ni le mea culpa, ni la stratégie de la transparence n'arrêteront les révélations. Le lendemain, le 7 février, le *Canard Enchaîné* écrit que Penelope a touché des indemnités de licenciement payées par l'Assemblée nationale. 16 000 euros en août 2002 et 29 000 euros en novembre 2013. Et le journal a enquêté sur Marie Fillon. Quand elle travaillait pour son père au Sénat en 2005, elle effectuait en même temps un stage de fin d'études rémunéré dans un cabinet d'avocat. Le 16 février, le procureur national financier publie un communiqué dans lequel il annonce que l'Office Central de lutte contre la corruption et les infractions financières et fiscales vient de lui remettre les premiers résultats de l'enquête : « les nombreux éléments recueillis ne permettent pas d'envisager, en l'état, un classement sans suite de la procédure ». Les avocats de François et Penelope Fillon critiquent aussitôt la manière de faire du procureur. Pourquoi annoncer publiquement et sans justification une poursuite des investigations ? Puisque l'affaire n'est pas classée en l'état, reste deux solutions : poursuivre l'enquête préliminaire ou ouvrir une information judiciaire avec désignation d'un juge d'instruction. Ce sera chose faite le 24 février. Les choses ne trainent pas. Les trois juges sont désignés le jour même. Le 1er mars, François Fillon est avisé qu'il est convoqué le 15 mars pour une première comparution en vue d'une mise en examen. Sa femme sera convoquée quelques jours plus tard. En attendant le domicile parisien des Fillon est perquisitionné le 2 mars et son manoir dans la Sarthe le 3 mars. Pourquoi aller si vite ? Pour mettre en examen François Fillon avant la date limite du dépôt des candidatures pour la présidentielle le 18 mars ? En cas d'empêchement d'un candidat à l'élection après la date limite des dépôts, le Conseil constitutionnel doit reporter l'élection. Pour les juges il valait mieux visiblement un candidat mort-vivant que mort tout court et ressuscité grâce au report de l'élection. L'annonce de la mise en examen est une exécution. À partir de ce moment-là, François Fillon est coupable. La présomption d'innocence n'existe plus. La campagne qui était déjà devenue impossible vire au fiasco. Dès le 1er mars Bruno Le Maire quitte l'équipe du candidat, suivi par Gilles Boyer, le trésorier, et Sébastien Lecornu, le directeur adjoint de la campagne. Le 3 mars Thierry Solère et Patrick Stefanini, respectivement porte-parole et directeur de campagne, abandonnent le navire. Les plus fidèles des fillonistes tiennent le cap. Les sarkozystes et les juppéistes cherchent un plan B.

Troublante et discutable est l'action de la justice qui donne le tempo dans une élection présidentielle. En sept semaines un candidat est à terre. Pour Jérôme Cahuzac, presque deux mois se sont écoulés entre les révélations de *Mediapart* sur les soupçons de détention d'un compte à l'étranger et l'ouverture d'une enquête préliminaire début janvier 2013. Ensuite l'affaire connaît les soubresauts habituels : démenti, stupéfaction de ses camarades au gouvernement, demande de démission de l'opposition, révélations dans la presse. Il faut attendre encore deux mois pour que le parquet ouvre une information judiciaire qui entraîne la désignation d'un juge d'instruction. Jérôme Cahuzac démissionne puis avoue les faits devant le juge.

Y a-t-il eu une justice particulière pour François Fillon ? Une justice politique ? Nous allons y venir. Rappelons d'abord comment se termine son chemin de croix. Quand le candidat est mis en examen le 14 mars, il doit encore subir le 16 mars un réquisitoire supplétif pour escroquerie aggravée, faux et usage de faux. Les contrats de travail de Penelope porteraient des dates douteuses. Les enquêteurs se demandent s'il n'y a pas aussi trafic d'influence en relation avec les dons de costumes par Robert Bourgi. Ce réquisitoire vient s'ajouter à la mise en examen pour détournement de fonds publics, complicité et recel d'abus de bien sociaux pour les salaires versés par la *Revue des Deux Mondes*, et manquement aux obligations de déclarations à la Haute Autorité pour la transparence de la vie publique pour le prêt de 50 000 euros accordé par Marc Ladreit de Lacharrière. Le 22 mars le juge Tournaire se déplace à Sablé-sur-Sarthe pour perquisitionner le domicile de Marc Joulaud, la mairie et les archives municipales. Le 24 mars, Marc Joulaud, suppléant puis successeur de François Fillon comme député de la Sarthe est mis en examen pour détournement de fonds publics parce qu'il a salarié Penelope. Le 28 mars, c'est au tour de Penelope Fillon d'être mis en examen pour complicité et recel de détournement de fonds publics, complicité et recel d'abus de biens sociaux et recel d'escroquerie aggravée. La messe est dite pour François Fillon. Une oraison funèbre. Les juges ont cloué son cercueil. S'ils sont coupables de beaucoup de zèle, sont-ils pour autant responsables d'un complot ourdi pour tuer le candidat ? François Fillon a-t-il fait tout ce qu'il fallait pour lutter contre le bras armé de la justice ?

On aurait dû se méfier… Il s'est très mal défendu ! Son avocat se précipite chez le procureur.

Sitôt le coup de tonnerre de l'ouverture de l'enquête préliminaire passé, François Fillon pense que le ciel va s'éclaircir. L'orage ne va pas durer, c'est certain ! Il espère même quelques rayons de soleil en se réjouissant de pouvoir démontrer la fausseté des accusations parues dans la presse. Le lendemain du 25 janvier, son avocat se précipite avec des tas de dossiers sous le bras chez le procureur du parquet financier. François Fillon commet là sa première erreur stratégique. La célérité du parquet national financier induit de fait que le procureur ne va pas le laisser tranquille. François Fillon n'a pas pris la mesure de l'adversaire. Il est facile aujourd'hui de dire qu'il a été naïf, persuadé de son bon droit et sûr que certains éléments de son dossier resteraient cachés. Dès l'ouverture de l'enquête préliminaire, d'éminents avocats l'ont pourtant mis en garde. Mais François Fillon n'a préféré écouter que les siens. « Des profils capés au niveau juridique pour la défense du candidat mais peut-être pas suffisamment capables d'appréhender la dimension politique de l'affaire », me confie un acteur de la campagne. La visite de l'avocat de François Fillon au parquet national financier n'aura donc eu aucun effet. Et les nuages noirs continueront à s'accumuler à l'horizon.

La corde au cou :
l'évocation de sa mise en examen.

Le 26 janvier au soir, François Fillon est sur le plateau de TF1. Intensité du moment. Des millions de téléspectateurs attendent des explications. Il doit aussi rassurer ses troupes sur sa détermination. La rage affleure, mais il se pose en mari pugnace avec, dit-il, « à ses côtés une femme exceptionnelle qui souffre de la situation ». Il évoque des « calomnies » pour l'abattre comme candidat à la présidentielle. Et puis, au fil de ses réponses, François Fillon lâche deux phrases très imprudentes. La première, sur le fait qu'il a employé ses enfants comme assistants parlementaires au Sénat quand ils étaient jeunes avocats. Le candidat ment. Les deux enfants étaient encore étudiants. Et surtout, revoilà le syndrome du chevalier blanc ! « Il n'y a qu'une chose qui m'empêcherait d'être candidat, c'est si mon honneur était atteint, si j'étais mis en examen ». Le journaliste Laurent Valdiguié, dans le *Journal du Dimanche*, racontera que cette phrase n'était pas préparée. Anne Méaux demande au candidat à la sortie du plateau de TF1 : « François, pourquoi une telle phrase ? » Réponse de l'homme politique : « Mais Anne, parce que je ne serai jamais mis en examen ! » Deuxième erreur stratégique. François Fillon ne se rend pas compte qu'il vient de tresser la corde pour se faire pendre. Ah bon pour l'affaiblir il faut le mettre en examen ? Dont acte, surtout quand tout trahit dans le comportement du candidat qu'il se croit intouchable et qu'il fait de la probité sa marque de fabrique pour la campagne. On imagine bien les magistrats en charge de l'affaire devant leur télé se dirent : « Bravo ! Il n'en rate pas une ! Il construit le piège dans lequel nous allons le faire tomber ! ». François Fillon se repentira plus tard d'avoir pris cet engagement que personne ne lui réclamait. Il confiera le 3 avril 2017 sur le plateau de BFM TV : « J'ai commis une erreur, d'une certaine façon en disant cela, parce que j'ai offert au pouvoir le moyen de m'éliminer de la compétition présidentielle, il suffisait de me mettre en examen ». Le pouvoir ? Via les magistrats ? Nous y reviendrons…

Une trêve judiciaire espérée

Dans les rangs des Républicains, un élément de langage fait fureur pour expliquer que François Fillon n'aura pas à souffrir trop longtemps de la justice : la trêve judiciaire. « À partir du 15 mars, les magistrats font ce qu'il faut pour ne pas s'immiscer dans une élection » disent certains fillonistes sur les plateaux de télévision. Le fantasme de la trêve rassure. On y croit sans y croire et François Fillon le premier. Oui, il est de tradition de ne pas fixer de date d'audience de jugement à proximité d'une échéance électorale. Oui, il fut un temps ou les magistrats savaient marquer une certaine réserve. Ainsi en 2008, un juge d'instruction renvoie Jean Tiberi devant le tribunal correctionnel en février, juste avant les élections municipales. Le procureur de la République de Paris le déplore. Il considère qu'il s'agit d'une immixtion du juge dans la campagne électorale. Mais nous avons changé d'époque. Eliane Houlette, le procureur du parquet financier, nommée par François Hollande, sort de ses gonds en entendant parler de trêve. Dans une interview à *La Voix du Nord*, pendant la campagne présidentielle, elle s'exclame : « Une trêve ? Mais c'est quoi une trêve judiciaire ? Pour les délits routiers, il y a des trêves ? Croyez-vous que la justice doive fermer les yeux dans ces domaines parce qu'on est en campagne électorale ? » J'ai interrogé Georges

Fenech[1] sur cette question. Ancien juge d'instruction et député sarkozyste membre des Républicains jusqu'en juin 2017, il n'était pas tendre avec les camarades fillonistes qui se nourrissaient de l'illusion de cette trêve pour sauver la campagne du candidat de la droite. « Si la trêve pouvait s'appliquer à une élection municipale, législative, sénatoriale, régionale, cantonale, présidentielle, elle deviendrait quasiment permanente. Et quel serait le temps de la trêve ? La période officielle de la campagne ? Ou trois mois avant les élections ? Et la trêve concernerait quelles infractions ? » Conclusion de Georges Fenech : « La trêve judiciaire n'a pas de fondement juridique ». Les partisans de François Fillon vivront l'annonce des convocations, et des perquisitions comme un acharnement. Mais constitutionnellement rien n'empêche un magistrat d'intervenir pendant une campagne présidentielle. Pour se prémunir des assauts de la justice, il y a l'immunité parlementaire et l'immunité présidentielle.

Il se laisse mettre en examen

Pourquoi, doté de son immunité parlementaire, le candidat de la droite s'est-il laissé mettre en examen ? Les magistrats l'avaient convoqué pour le 15 mars mais ils conviennent d'avancer le rendez-vous de

1. Entretien avec l'auteur, 27 mars 2018.

24 h pour lui éviter le déshonneur devant les caméras des journalistes de télévision. Depuis le 16 février, quand le parquet national financier annonce que la procédure ne sera pas classée sans suite, il comprend (enfin !) que la justice ne le lâchera pas. Alors il change de stratégie. Fini le fait de se réjouir de l'ouverture d'une enquête pour prouver sa bonne foi. François Fillon tire à boulet rouge sur le pouvoir judiciaire. « L'état de droit est systématiquement violé », « la présomption d'innocence a disparu ». Il entre dans la peau d'un résistant « victime d'un assassinat politique ». L'acmé de sa révolte sera le Trocadéro le 5 mars. Mais, ce jour-là, il n'osera pas attaquer les juges de front. Pourtant dans la mesure où il a tout fait pour se les mettre à dos, pourquoi ne pas aller jusqu'au bout ? Pourquoi ne pas faire comme Marine Le Pen qui refusa de se rendre à la convocation des juges pendant la campagne présidentielle ? François Fillon aurait pu dire : « revoyons-nous après la campagne ». Certains de ses électeurs n'auraient pas été choqués. Mais certains membres de son entourage m'ont rétorqué : « vous vous rendez compte de ce que vous suggérez ? Faire comme Marine Le Pen ! Mais justement il n'est pas Marine Le Pen. C'est un ancien Premier ministre ! Et comme possible président de la République il ne peut pas aller contre la justice ». François Fillon coopère donc avec la justice tout en se disant victime d'un complot judiciaire. Il se laisse lier les mains pour aller jusqu'au martyr à moins qu'il ne s'agisse

d'une forme de suicide. Ce jour-là, il était déjà dans la peau d'un perdant. À quoi sert l'immunité parlementaire ? S'il répugne à s'en servir pour s'imposer ? Peut-être François Fillon a-t-il pensé qu'il ne pouvait laisser sa femme seule en première ligne puisqu'elle n'est pas protégée par une immunité. Sans doute, a-t-il ainsi montré qu'il n'était pas un combattant.

François Fillon a-t-il été victime d'une justice politique ?

S'en prendre à la justice est une vieille habitude politique française. En janvier 1992, le juge d'instruction de Rennes Renaud Van Ruymbeke décide de perquisitionner le siège du Parti Socialiste dans le cadre de l'affaire Urba Graco, un dossier de financement occulte du Parti Socialiste. Henri Emmanuelli, l'ancien trésorier devenu président de l'Assemblée nationale, risque une mise en examen. Le Premier ministre socialiste Pierre Bérégovoy met en garde contre le « risque d'une justice politique » sur le plateau de TF1. En 1997 Charles Pasqua, alors sénateur, refuse de se rendre à la convocation du juge Éric Halphen. Il est invité à témoigner dans l'affaire des HLM de la ville de Paris. Il dénonce « l'immixtion du pouvoir judiciaire dans les activités du pouvoir exécutif ». Plus récemment, en pleine campagne présidentielle en 2017, Marine Le Pen attaque « le gouvernement des juges, une dérive antidémocratique et oligarchique ». En octobre 2018, Jean-Luc Mélenchon dénonce « une justice à deux vitesses (en référence à l'affaire Benalla) et une opération de pression visant son parti » après la perquisition du siège de la France Insoumise et de son domicile dans l'enquête sur ses comptes de campagne pendant la présidentielle. Tous les politiques usent donc du même langage, quel que soit le parti auquel ils appartiennent, quand ils se sentent agressés par les magistrats.

La question vaut-elle d'être posée pour François Fillon ? Il y a des faits troublants. Jusqu'à l'élection d'Emmanuel Macron et la loi de moralisation de la vie politique, employer un membre de sa famille à l'Assemblée nationale était une chose courante. 20 % des parlementaires ont embauché des proches en 2014 : 58 épouses, 28 fils et 32 filles recensés. Pourquoi une telle célérité de la part des magistrats pour mettre François Fillon en examen ? À l'époque le célèbre pénaliste Éric Dupont Moretti s'était permis de dire qu'il aurait fallu mettre en examen la moitié de l'Assemblée nationale.

François Fillon aurait-il pu ne pas être mis en examen ? Oui ! Le parquet national financier ouvre une enquête préliminaire pour déterminer l'existence ou non d'emplois fictifs le 25 janvier. Durée moyenne des investigations du PNF : 30 mois… Ponctués par des recherches de documents, des perquisitions, des auditions de témoins. 30 mois en 2015 selon l'annuaire statistique du ministère de la Justice. En 2016, 74 % des dossiers ont été traités en enquête préliminaire. Alors pourquoi ensuite ouvrir une information judiciaire ? Le magistrat est normalement saisi quand il faut mener des investigations plus complexes et que le juge d'instruction dispose d'indices graves et concordants à l'encontre du prévenu. Dans l'affaire Fillon on ne tutoie pas les sommets d'une escroquerie complexe avec des ramifications internationales du type « Panama Papers[1] ». On parle de la vérification du travail de l'épouse d'un homme politique et du fonctionnement de la société 2F Conseil qui pourrait être considéré comme un conflit d'intérêt.

Le cas particulier du MODEM et de François Bayrou

Les magistrats ont pris un soin tout particulier à s'occuper de François Fillon. Mais pourquoi ne se sont-ils pas penchés sur le cas de François Bayrou ? Quel usage le MODEM a-t-il fait de ses attachés parlementaires à l'Union européenne ? N'y a-t-il pas eu des emplois fictifs ou arrangés comme à l'Assemblée nationale ? Précisons le statut d'un tel attaché parlementaire. Il est soit à 100 % à Bruxelles ou à

1. Les Panama Papers désignent la fuite de 11,5 millions de documents confidentiels issus d'un cabinet d'avocat panaméen détaillant des informations sur 214 000 sociétés offshore ainsi que les noms des actionnaires de ces sociétés.

Strasbourg, soit à 100 % avec l'eurodéputé pour l'assister dans sa circonscription d'origine. Même loin du parlement, il travaille exclusivement pour des activités européennes. Il est payé par le parlement européen.

Première alerte : l'avocate et ancienne vice-présidente du MODEM Corinne Lepage écrit *Les Mains propres*[1], paru en janvier 2015. Alors eurodéputé MODEM, le parti lui demande de lui « prêter » l'un de ses assistants pour travailler au siège à Paris. Corinne Lepage refuse parce que c'est illégal. Mais elle écrit que d'autres parlementaires européens se sont pliés aux exigences du MODEM. Corinne Lepage relate encore dans *Les Mains propres* : « À partir de 2009 François Bayrou prépare l'élection présidentielle de 2012. Il faut mettre un assistant parlementaire à disposition du parti quand on est député européen. En pleine campagne présidentielle, début avril 2017, j'interview Corinne Lepage dans l'émission « Territoires d'Infos » sur Sud Radio et Public Sénat. Je lui demande pourquoi le Front National fait l'objet d'une enquête sur l'emploi d'attachés parlementaires européens alors que pour les mêmes faits dénoncés dans son ouvrage, la justice ne bouge pas. Gênée, Corinne Lepage souligne que « le Front National pratique l'abus de confiance à Bruxelles à une échelle industrielle alors qu'au MODEM ça ne concerne que quelques personnes ». Un peu plus tard,

1. Éditions Autrement, 2015.

elle me confiera que tout ce qu'elle avait écrit sur le fonctionnement critiquable du MODEM était vrai. D'ailleurs « François Bayrou n'a pas osé m'attaquer en diffamation » conclut-elle. Pourquoi le MODEM est-il donc épargné par les assauts judiciaires pendant la campagne ? Les juges sont-ils sourds et aveugles face aux signaux médiatiques ?

Deuxième alerte : en pleine campagne présidentielle, une élue du Front National Sophie Montel écrit au parquet de Paris pour dire : « Il n'y a pas que le Front National, tous les partis font prendre en charge les assistants de leurs eurodéputés par Bruxelles même quand ils ne travaillent pas sur des activités européennes »... Le parquet de Paris ouvre une enquête préliminaire le 22 mars 2017. Dix neufs eurodéputés de droite, de gauche, du centre et écologistes sont visés. Brice Hortefeux, ancien ministre de l'Intérieur de Nicolas Sarkozy, Jérôme Lavrilleux, ancien bras droit de Jean-François Copé, Michèle Alliot-Marie, ancienne ministre de Jacques Chirac, l'écologiste Yannick Jadot et... Marielle de Sarnez pour le MODEM. Depuis magistrats et policiers anticorruption examinent la situation de la moitié des 74 eurodéputés français.

Troisième alerte : le 7 juin 2017, quatre jours avant le premier tour des Législatives. Un ancien salarié du MODEM témoigne devant la justice. Il fait un signalement au parquet de Paris. Il veut rester anonyme. Il explique avoir été embauché par François Bayrou pour travailler au siège du Modem à Paris alors qu'il était partiellement détaché auprès du député européen Jean-Luc Benhamias en 2011. Le salarié affirme n'avoir jamais travaillé pour Benhamias bien que payé en partie par le parlement de Bruxelles. Le 9 juin, branle-bas de combat ! Ouverture d'une enquête préliminaire pour abus de confiance. Une dizaine de salariés du siège sont soupçonnés. Marielle de Sarnez est citée pour les cas de deux collaboratrices embauchées sur les fonds du parlement de Bruxelles pour être, dira l'une des deux plus tard, son « assistante personnelle ». Le 14 juin, le *Canard Enchaîné* révèle que la secrétaire particulière de François Bayrou était rémunérée sur un poste d'assistant parlementaire de l'eurodéputée Marielle de Sarnez.

Et depuis ces faits, que se passe-t-il ? Rien ! L'affaire n'a jamais intéressé le parquet national financier. Curieux ! François Bayrou et Marielle de Sarnez ne sont pas mis en examen. Pourquoi une telle discrétion de la justice ? Voici une explication vraisemblable. François Bayrou rêvait d'être candidat à la présidentielle de 2017. Une quatrième tentative. L'aboutissement de toute une vie. À la surprise générale, le leader centriste annonce son abandon le 22 février. Un abandon qui est « un sacrifice » avoue François Bayrou. Le béarnais pensait-il avoir une épée de Damoclès au-dessus de la tête avec les usages du MODEM révélés dans *Les Mains propres*[1] de Corinne

1. Éditions Autrement, 2015.

Lepage ? A-t-il pensé qu'il subirait le même sort que François Fillon s'il était candidat ? Sa planche de salut est donc de négocier avec Emmanuel Macron puisque François Fillon n'a pas daigné lui faire signe avant et après sa victoire à la primaire. Le patron du MODEM n'en fait pas mystère : il veut être Premier ministre. Il passe un contrat avec le candidat de la République en Marche. Mon royaume contre les cinq points que tu m'apporteras lors du scrutin présidentiel ! Ta place en Macronie contre une quarantaine de députés MODEM. N'oublions pas que le parti ne pèse plus rien. 2 députés ! Bayrou en exige 80. Les élections législatives lui en apporteront 42. Tout est pour le mieux dans le meilleur des mondes entre le jeune candidat et le faiseur de roi. Ils dînent régulièrement ensemble et ne le cachent pas. Le 9 avril 2017 au soir, ils seront à tu et à toi au 1er étage du restaurant *La Rotonde* boulevard du Montparnasse, lieu où Emmanuel Macron fêtera sa première place au soir du 1er tour. Mais le candidat de la République en Marche n'ignore pas les ennuis judiciaires qui pourraient fondre sur François Bayrou. Sitôt élu, il le nomme… garde des Sceaux ! Piège diabolique ! Ministre de la Justice chargé de la moralisation de la vie politique ! Quelle belle mission pour le leader centriste qui a toujours joué au chevalier blanc. Mais quel formidable moyen de pression sur François Bayrou s'il devait être affaibli par une affaire. Emmanuel Macron a dû esquisser un petit sourire… En juin, la République en Marche obtient la majorité absolue à l'Assemblée nationale lors des élections législatives. Le président n'a plus besoin de François Bayrou. Hasard du calendrier ou main heureuse pour le président ? La maison centriste est ébranlée le 7 juin, 4 jours avant le premier tour des Législatives. Le 9 juin, François Bayrou et Marielle de Sarnez accusent le coup lors de l'ouverture de l'enquête préliminaire. Ils clament qu'il n'est pas question de démissionner. Mais rester garde des Sceaux est impossible. La mort dans l'âme mais sans contrition, le chantre de la moralisation de la vie politique tient une conférence de presse le 21 juin à Paris. Il met en scène sa sortie par le haut. Il se sacrifie mais ne rompt pas avec Emmanuel Macron, c'est le message… Le 23 juin, confidence de François Bayrou au journal *Sud Ouest* : « Oui le MODEM a recasé des salariés à Bruxelles quand il était dans une mauvaise passe ». Mais le maire de Pau est frappé du syndrome Fillon. Il dit faire l'objet d'une manœuvre politique. « Je pense que tout cela ne vient pas par hasard. Un certain nombre de force, de puissances qui détestent l'idée d'une moralisation de la vie publique agissent. »

Le 20 juillet, le parquet ouvre une information judiciaire contre X pour « abus de confiance, recel d'abus de confiance et escroquerie ». L'ouverture de l'information judiciaire rend envisageable des convocations en vue d'une mise en examen ou d'un placement sous le statut intermédiaire de témoin assisté. Malgré de supposées forces à l'œuvre pour affaiblir

François Bayrou, l'ancien garde des Sceaux se porte bien et son parti avec. Pas de secret d'instruction brisé sur l'avancée de l'enquête. François Bayrou se fait tellement discret qu'il renonce à conduire une liste pour les Européennes de 2019. À la demande d'Emmanuel Macron ? Qu'est-il donc arrivé au Béarnais qui a été de tous les combats pour cette bataille électorale ? Renonce-t-il à prendre la lumière pour rester oublié de la justice ? Pour Emmanuel Macron, il peut encore servir. Parions qu'il ne sera pas mis en examen avant les élections européennes.

Les ennuis du Front National

Les faits reprochés au MODEM sont les mêmes que ceux qui entachent le fonctionnement du Front National. Pourquoi François Bayrou et Marielle de Sarnez échappent-ils à la mise en examen qui a pourtant facilement rattrapé Marine Le Pen et son parti ?

Une enquête est ouverte depuis mars 2015, saisie par le président du parlement de l'époque, le socialiste allemand Martin Schultz. 17 eurodéputés frontistes sont dans le collimateur pour avoir employé une quarantaine d'assistants parlementaires. Ils étaient payés par Bruxelles, accrédités au parlement donc obligés de passer des contrôles. Mais les badges n'ont pas beaucoup fonctionné. C'est le cas de celui de Catherine Griset, la chef de cabinet de Marine Le Pen et de celui de son garde du corps et chauffeur Thierry Légier sur la période 2009-2016. Ils sont donc soupçonnés de n'avoir travaillé que pour le compte du parti. Ce n'est qu'à partir de décembre 2016, cinq mois avant l'élection présidentielle, que les juges français s'intéressent à cette affaire. Convocation chez les policiers en février puis chez les juges Claire Thépaut et Renaud Van Ruymbeke en mars. Marine Le Pen refuse de se déplacer. Elle invoque son immunité parlementaire de député européen. Elle s'engage à se présenter devant les juges après l'élection « sous réserve des résultats ». La petite phrase a dû les perturber. Le 14 avril, à une semaine du premier tour, les juges français demandent au Parlement européen la levée de son immunité d'eurodéputé. Cela ressemble à un coup médiatique ! Un coup de griffe sans atteindre la proie. La procédure est beaucoup trop longue pour une quelconque interférence entre les deux tours. Il faut un débat puis un vote des eurodéputés en séance plénière à Bruxelles. Mais l'idée était peut-être seulement d'affaiblir la candidate en lice face à Emmanuel Macron.

En juin, plus besoin de lever l'immunité. Marine Le Pen est élue députée du Pas-de-Calais et abandonne de facto son mandat de député européen. Le 30 juin 2017, la Présidente du Front National est mise en examen pour « abus de confiance » relatif à l'utilisation des fonds européens. Le 12 décembre 2017, le Front National est mis en examen, comme personne morale, pour complicité et recel d'abus de confiance. En juin 2018, Marine Le Pen est condamnée à 300 000 euros d'amende.

Pour les mêmes faits, deux traitements... Deux poids deux mesures... La cécité de la justice pour le MODEM, mais une acuité sans faille pour le Front National.

L'affaire Ferrand :
un autre cas de cécité volontaire.

Le 24 mai 2017, le *Canard Enchaîné* révèle l'affaire des Mutuelles de Bretagne. Richard Ferrand, cheville ouvrière de la macronie, est ministre de la cohésion des Territoires. L'affaire remonte au 25 janvier 2011. Richard Ferrand est le directeur général des Mutuelles de Bretagne. Les Mutuelles cherchent à louer des locaux commerciaux à Brest afin d'y ouvrir un centre de soins. Parmi trois propositions l'organisme choisit celle de... Sandrine Doucen, la compagne de Richard Ferrand. Fait très interpellant : la SCI n'existe pas légalement quand intervient la décision. Elle n'est créée qu'un mois plus tard quand Sandrine Doucen est assurée de louer aux Mutuelles de Bretagne les locaux qu'elle s'apprête à acquérir. En juillet 2011 elle achète le bien sans apport personnel car le Crédit Agricole lui prête 402 000 euros. C'est le loyer garanti par les Mutuelles de Bretagne qui rembourse le prêt. Les Mutuelles font pour 184 000 euros de travaux dans le local, ce qui revalorise la valeur du bien. Selon le *Canard Enchaîné* Sandrine Doucen s'est donc constitué un patrimoine à hauteur de presque 600 000 euros sans avoir déboursé grand-chose. Ce montage peut-il constituer un délit d'escroquerie ou d'abus de confiance ? Non, selon le parquet de Brest mais le procureur de Brest Jean-Philippe Récappé est moins catégorique concernant le délit de prise illégale d'intérêt. Il correspond à un intérêt acquis par une personne investie par une mission de service public (Richard Ferrand à la tête des Mutuelles de Bretagne) grâce à l'entreprise qu'il doit administrer. Le magistrat ne s'est pas aventuré dans les sables mouvants qui pourraient mettre au jour le curieux comportement de Richard Ferrand. Il se contente de dire que les faits sont prescrits. L'affaire est classée sans suite quatre mois seulement après les révélations du *Canard Enchaîné*. Le parquet national financier a été plus rapide pour rendre son avis. Dès le premier jour de l'affaire des Mutuelles, il confie que l'enquête ne relève pas de sa compétence. Il faudra donc toute l'opiniâtreté d'une association anticorruption, l'association Anticor pour que la justice se penche sur le passé de Richard Ferrand. Anticor dépose plainte le 31 mai 2017. Puis, après le classement sans suite en octobre 2017, elle se porte partie civile, ce qui rend automatique l'ouverture d'une enquête préliminaire. Coup de théâtre le parquet national financier qui ne se jugeait pas compétent 8 mois plus tôt ouvre une information judiciaire pour « prise illégale d'intérêt » en janvier 2018. Le juge d'instruction nommé est Renaud Van Ruymbeke. Il n'a toujours pas entendu Richard Ferrand. Il devait l'être le 26 mars mais ses avocats ont demandé le dépaysement de l'instruction. Ils ont été exaucés. L'affaire est dépaysée à Lille. Trois juges d'instruction ont été désignés le 25 septembre 2018. La justice se hâte avec lenteur pour celui qui est aujourd'hui le président de l'Assemblée nationale. Pour l'instant, pas de menace de mise en examen.

Richard Ferrand a de la chance. La justice ne s'est pas intéressée à l'enquête du Journal *Le Monde* parue quatre jours après la révélation de l'affaire des Mutuelles le 31 mai 2017. Mes confrères décryptent « le système Ferrand » entre politique et affaires à partir de juin 2012 quand il est élu député socialiste. Il se distingue par des allers-retours entre sa commission de la Défense et celle des Affaires sociales quand il faut appuyer des textes favorables aux mutuelles. Il est toujours rémunéré par les Mutuelles de Bretagne pour du conseil à hauteur de 1 250 euros net par mois. Rien d'illégal mais du pur lobbying. Enfin, pratique de l'Ancien Monde si condamnable aujourd'hui : il embauche comme assistant parlementaire, sans le signaler dans sa déclaration à la HATVP, la Haute Autorité sur la transparence de la vie publique, le compagnon de celle qui lui a succédé à la tête des Mutuelles de Bretagne. Quand ce dernier quitte son poste d'assistant parlementaire,

Richard Ferrand embauche son fils sans le signaler non plus à la HATVP. Qu'elle est belle la justice qui sait fermer les yeux !

L'affaire Bruno Le Roux rappelle l'affaire Fillon.

Bruno Le Roux démissionne du gouvernement le 21 mars 2017, en pleine affaire Fillon. Le ministre de l'Intérieur est viré en 24H. Le 20 mars au soir, l'émission « Quotidien » de Yann Barthès révèle qu'il a embauché ses deux filles en tant qu'assistantes parlementaires quand il était député de la Seine-Saint-Denis. Rien d'illégal jusque-là. 24 CDD entre 2009 et 2016. Mais il y a quelques bizarreries. Les premiers contrats à durée déterminée remontent à la Toussaint 2009, les derniers à l'été 2016. Des occupations de vacances en quelque sorte pour des jeunes visiblement précoces : les lycéennes n'avaient que 15 et 16 ans lors de leur premier contrat. Et surtout pendant certains CDD, les filles Le Roux sont loin de l'Assemblée nationale. À l'été 2013, du 17 juin au 17 août, l'une d'elles est en stage chez Yves Rocher à Tournai en Belgique. Même configuration pour sa sœur : elle occupe pendant quelques semaines en 2015 un emploi à plein temps à l'Assemblée tout en suivant des cours en classe préparatoire à Paris. Bruno Le Roux expliquera le don d'ubiquité de ses filles par le fait que les missions parlementaires ont pu être faites en horaires renforcés, avant ou après les stages. Au total les deux filles du ministre ont cumulé 14 CDD pour l'une et 10 pour l'autre pour un montant global de 55 000 euros. La famille Le Roux comme la famille Fillon est soupçonnée d'emplois fictifs et de détournement de fonds publics. Le parquet national financier ouvre une enquête préliminaire le jour de la démission du ministre. Décision rapide ! Célérité obligatoire après le zèle déployé à l'encontre de François Fillon. Mais depuis le 21 mars 2017, le parquet national financier semble avoir oublié Bruno Le Roux… Où en est l'enquête préliminaire ? Et pour lui pas de mise en examen ?…

Pourquoi François Fillon est-il mis en examen alors que la justice épargne François Bayrou et Bruno Le Roux pendant la campagne présidentielle ?

– « Parce que c'est un candidat en lice pour l'Élysée », me répond Georges Fenech ancien juge d'instruction qui fut député membre des Républicains.
– Il y a donc une justice pour les candidats à l'élection et une justice pour ceux qui ne sont pas candidats ?
– « Oui », me répond Georges Fenech. « Les juges sont obligés de se pencher sur le sort d'un homme qui risque de devenir président de la République. Les faits sont graves pour François Fillon : détournement de fonds publics. C'est une affaire sensible. Le parquet national

financier a estimé devoir vérifier les faits du *Canard Enchaîné* »

– La justice n'est donc pas la même pour tous ?
– « Un présidentiable n'est pas un politique et un homme comme les autres ».
– Et la mise en examen ? En quoi était-elle indispensable ?
– « Le juge Tournaire n'a pas voulu prendre de risque ».
– Nous sommes donc face à un juge qui assume l'immixtion dans une campagne en sachant qu'il exécute un candidat ?
– « La justice fait son travail avec des pratiques nouvelles. Les juges ont conquis leur indépendance ». Ainsi se conclut mon entretien avec Georges Fenech[1].

François Fillon aurait dû se méfier…

Parler de l'indépendance des juges et de leur pratique nouvelle plutôt que de justice politique. C'est sans doute la subtilité que n'a pas saisie François Fillon. Avec sa mise en examen et son exécution, les magistrats ont voulu montrer que nous avions changé de monde. Et ils ne s'en cachent pas. Ainsi en pleine campagne présidentielle, le magistrat Antoine Garapon, secrétaire général de l'Institut

1. Entretien avec l'auteur, 27 mars 2018.

des hautes études sur la justice et ancien juge pour enfants est interrogé dans l'hebdomadaire *Le Un*[1] du 15 mars 2017. Il confie ainsi à propos du rôle de la justice dans l'affaire Fillon : « François Fillon a montré qu'il ignorait ce qu'est le droit. Comme si le droit privé et la justice n'existaient pas dans son horizon mental et politique (...) Il accumule les erreurs à la manière de quelqu'un qui ne saisit pas où est le problème. Pour lui il n'y a pas de lieu mental pour la justice. Les juges incarnent la règle du jeu et sont là pour le rappeler (...) Ce n'est pas le juge qui devient un nouvel acteur politique. C'est l'homme politique qui devient un nouveau justiciable. Bien sûr cela fait tout drôle à François Fillon parce qu'il n'a pas compris que nous vivons de grands changements ».

L'émancipation des magistrats fait partie des grands changements. Fait nouveau, en janvier 2018, le plus haut magistrat de France le procureur général Jean-Claude Marin demande solennellement à Emmanuel Macron l'indépendance du parquet. Le président de la République refuse. Pour le chef de l'État il faut qu'il y ait un lien hiérarchique entre le parquet et le garde des Sceaux qui porte la politique pénale du gouvernement. Preuve que le lien n'est pas prêt de se rompre, en septembre 2018, Emmanuel Macron ne s'est pas caché pour donner son avis dans la nomination du procureur de la République de Paris.

1. *Le Un*, 15 mars 2017.

À défaut d'indépendance complète, y a-t-il une caste de juges qui s'affranchit de règles ? Le parquet national financier s'occupe de François Fillon et de Marine Le Pen mais rechigne à s'occuper de Richard Ferrand et oublie François Bayrou. Il n'a plus d'état d'âme pour s'immiscer dans une campagne présidentielle. Il y aura un avant et un après l'affaire Fillon. Mais le candidat a-t-il été pour autant victime de juges politisés ? Le juge Tournaire est réputé indépendant mais extrêmement sévère. C'est la terreur des hommes politiques. C'est lui qui décida de mettre sur écoute pendant six mois Nicolas Sarkozy et son avocat Maître Herzog. Les journalistes Gérard Davet et Fabrice Lhomme bénéficièrent en mars 2014 d'un accès privilégié aux procès-verbaux concernant les écoutes de l'ancien président alors qu'aucun avocat n'avait accès à la procédure menée par le juge Tournaire. Redoutable juge donc qui n'a pas été choisi par hasard. Il a été désigné par le président du tribunal de Paris Jean-Michel Hayat qui est un ancien membre du Syndicat de la magistrature. Syndicat fondé en juin 1968, d'inspiration marxiste, orienté à gauche. C'est dans les locaux privés de ce syndicat qu'ont été découvert plusieurs dizaines de photos de personnalités regroupées sous le titre « mur des cons[1] ». Le président Hayat désigne pour

1. Nicolas Sarkozy, Manuel Valls, Jacques Attali, Nadine Morano et de nombreuses personnalités majoritairement de droite ont eu leur photo épinglée sur *le mur des cons* ainsi dénommé dans

instruire l'affaire Fillon deux autres juges en plus de Serge Tournaire, Stéphanie Tacheau et Aude Buresi. Aude Buresi est aussi un ancien membre du bureau du Syndicat de la magistrature. Être syndiqué ou l'avoir été dans la magistrature pose question. Ne faudrait-il pas interdire l'appartenance à un syndicat comme dans l'armée ? Cela éviterait le débat sur la sempiternelle indépendance de la justice avec pour certains des inclinations politiques.

Oui, François Fillon a été exécuté par la justice. Mais il n'y a pas eu préméditation. Il n'y a pas eu de complot. Le candidat, mauvais tacticien, a facilité l'action des juges. Il est l'artisan de sa défaite. Parmi les fillonistes, certains pensent qu'il aurait dû avoir recours à un avocat-pittbull comme Éric Dupont Moretti pour le défendre, pour ne pas être sans cesse en première ligne, pour faire durer l'enquête préliminaire sur laquelle le parquet national financier avait la main. Mais à partir du moment où le juge Tournaire instruit l'affaire et le met en examen, le candidat est mort. Dimension tragique : François Fillon a fabriqué tout seul son bûcher. Et il a donné les allumettes à ceux pressés de le brûler.

---

les bureaux du syndicat de la magistrature. Affaire révélée par le journaliste de France 3 Clément Weill-Raynal en avril 2013.

Le fantasme du cabinet noir

« Un cabinet noir ? Non c'est très exagéré ! Les juges n'ont pas besoin qu'on leur dise ce qu'ils ont à faire. La justice a pénétré dans le champ politique car ils ont la conviction absolue que ce qu'ils font est plus important que la tenue sereine d'une élection présidentielle. » Confidence du filloniste Philippe Bas[1], sénateur et président de la commission des lois au Sénat. Philippe Bas faisait pourtant parti des six élus et soutiens de François Fillon à avoir demandé l'ouverture d'une enquête au parquet national financier sur un supposé cabinet noir à l'Élysée. Avec Valérie Pécresse, Nathalie Kosciusko-Morizet, Christian Jacob, Luc Chatel et Bruno Retailleau… Ils s'appuyaient sur le livre *Bienvenue place Beauvau* de Didier Hassoux et Christophe Labbé[2]. Dans cet ouvrage, les auteurs évoquent l'utilisation de

1. Entretien avec l'auteur, 25 juin 2018.

2. *Bienvenue place Beauvau. Police : les secrets inavouables d'un quinquennat*, Robert Laffont, 2017.

l'appareil policier par le cabinet du Président pour être au courant des affaires sensibles. Ils se posent la question d'un cabinet noir anti-Sarkozy en 2006 sous la présidence de Jacques Chirac, avec Dominique de Villepin aux manettes. « Le retour aux affaires des chiraquiens nourrit les soupçons sarkozystes d'un cabinet noir. Il n'est pas possible d'en apporter la preuve formelle comme il n'est pas possible de prouver le contraire ». Les journalistes rapportent aussi la fameuse confidence de François Hollande fanfaronnant devant des députés socialistes en 2014 à l'Élysée : « Nicolas Sarkozy je le surveille. Je sais tout ce qu'il fait ». Le parquet national financier ne jugera pas recevable la requête des soutiens de François Fillon.

« Complot », « machination ourdie par François Hollande », les mots de François Fillon à la fin de la campagne présidentielle sont jugés forts de la part de tous ceux qui l'ont, à l'époque, défendu. Le livre ne relatait pas un quelconque épisode pour affaiblir François Fillon. Il ne parlait pas de l'influence de membres du cabinet présidentiel sur des magistrats. Il mettait en évidence la main mise sur la machine policière par le pouvoir à des fins politiques. L'histoire de France regorge d'intrigues, de trahisons, de ruptures, de lettres de cachet. Quel chef d'État n'a pas la tentation de faire surveiller ses adversaires politiques ? Mais dans le cas de François Hollande, souvenons-nous qu'il attendait de ferrailler contre Nicolas Sarkozy à la présidentielle. Il rend les armes le 1er décembre 2016. François Fillon remporte d'une façon éclatante et inattendue la primaire de la droite quatre jours plus tôt. Quel aurait été l'intérêt de François Hollande d'affaiblir François Fillon ? Faire un beau cadeau à Emmanuel Macron ? L'ancien président a plutôt la dent dure avec celui qui l'a poussé à se mettre en retrait. En revanche se pose la question de l'influence de Jean-Pierre Jouyet, ami de François Hollande, mais aussi ami et en quelque sorte parrain politique d'Emmanuel Macron. Le secrétaire général de l'Élysée a plus que tout autre mis sur orbite le jeune homme pressé. Mais de là à subodorer qu'il aurait suggéré à Éliane Houllette, à la tête du puissant parquet financier, de très vite ouvrir une enquête préliminaire 24 h après les révélations du *Canard Enchaîné*, personne ne peut l'affirmer. Toutes les personnes interrogées arrivent à la même conclusion. Le procureur financier, proche de l'ancienne garde des Sceaux Christiane Taubira et nommé par François Hollande, n'a besoin de personne pour faire preuve d'un zèle jamais vu auprès d'un homme politique. Cet homme est un candidat à la présidentielle. Pour un magistrat qui revendique son indépendance, et peut être son ancrage à gauche, il n'est pas un justiciable comme les autres.

Pendant la campagne, peut-on reprocher à l'Élysée d'avoir été informé sur le dossier judiciaire de François Fillon ? Non ! François Hollande le fut sans doute juste un peu plus vite que les Français qui découvraient tous les jours de nouveaux faits dans les médias, alimentés en partie par la violation du secret de l'instruction. De toute façon, les informations circulent dans les cabinets officiels. Georges Fenech, ancien juge d'instruction et ancien député membre des Républicains, m'a confirmé que les remontées d'informations venant du juge sont légales. Le magistrat informe le procureur général de l'avancée des affaires sensibles. Ce dernier à son tour transmet un rapport à la Direction des Affaires criminelles et des Grâces de la Chancellerie. Les informations peuvent circuler dans l'autre sens également. Le ministre peut faire connaître sa volonté concernant une affaire au procureur qui lui est hiérarchiquement soumis. Mais Georges Fenech avertit : « Par les temps qui courent avec des magistrats si fiers d'avoir gagné leur indépendance, le risque est grand de voir l'affaire arriver en place publique ! » Dans l'entre-deux-tours de l'élection présidentielle de 2017, le garde des Sceaux Jean-Jacques Urvoas a informé Thierry Solère, ancien député membre des Républicains et ancien porte-parole de François Fillon, de l'avancée d'une procédure ouverte à son encontre pour fraude fiscale. Jean-Jacques Urvoas a été mis en examen par la Cour de Justice de la République pour violation du secret professionnel. Plus personne n'est épargné par l'exigeante éthique de la transparence. À l'heure des tweets, des textos, et même des messageries cryptées, tout se sait. Si le pouvoir était intervenu pour « tuer politiquement » François Fillon pendant l'élection présidentielle, le meurtrier aurait peut-être laissé quelques traces. Pour l'heure personne ne les a vues.

On aurait dû se méfier…
Ils sont tous du même monde.

François Fillon le premier devrait se souvenir que plus rien n'est secret. Il le sait à ses dépens quand on lui prête l'idée d'avoir ourdi un complot contre Nicolas Sarkozy. En juin 2014, il déjeune avec Jean Pierre Jouyet alors secrétaire général de l'Élysée. Il lui demande de « taper » l'ancien président aux prises avec plusieurs affaires judiciaires pour qu'il ne revienne pas dans la course présidentielle en 2017. « Tapez, mais tapez vite Jean-Pierre ! », aurait confié l'ancien Premier ministre à celui qui fut entre 2007 et 2008 son secrétaire d'État aux Affaires européennes. Jean-Pierre Jouyet rapportera les propos aux deux journalistes du *Monde* Gérard Davet et Fabrice Lhomme. Ils enregistrèrent la conversation avec le secrétaire général de l'Élysée. Saisi par François Fillon, le Tribunal correctionnel de Paris relaxera Jean-Pierre Jouyet et les deux journalistes. Même si la justice reconnaît le caractère diffamatoire des propos tenus à l'encontre de François Fillon, elle retient aussi « la bonne foi » des prévenus.

Le candidat à la présidentielle a-t-il pensé que Jean-Pierre Jouyet pouvait jouer un rôle dans une machination pendant sa campagne ? Sa demande d'affaiblir Nicolas Sarkozy lui est-elle revenue en mémoire ? La vérité est souvent prosaïque. François Fillon n'est pas paranoïaque. Agiter la thèse d'un fantasmatique cabinet noir a un mérite. Il galvanise ses soutiens à quinze jours du premier tour.

« Seul contre tous », « combattant balafré », « candidat contre le système », François Fillon joue la surenchère et la carte du peuple contre les élites et les médias dans la dernière ligne droite de sa campagne. Le vacarme des accusations est tel que plus personne ne s'arrête sur le profil de ses soutiens. Le candidat ne nous a-t-il pas joué la comédie ? Son ami Marc Ladreit de Lacharrière est un grand ami de Jean-Pierre Jouyet. Antoine Gosset-Grainville le fut également jusqu'au fameux déjeuner qu'il organisa en juin 2014 entre François Fillon et Jean-Pierre Jouyet. Il en voudra ensuite au secrétaire général de l'Élysée de se montrer bavard. Mais les deux hommes se parleraient à nouveau. Par ailleurs, l'avocat et écrivain François Sureau ne se cache pas d'être à la fois un ami de François Fillon et un ami d'Emmanuel Macron. Il participa comme Antoine Gosset-Grainville à de nombreuses réunions de crise au QG de campagne quand le candidat sera dans la tourmente. Ces deux hommes sont dotés de grandes qualités humaines et intellectuelles mais leurs yeux et leurs oreilles sont-ils restés politiquement chastes quand ils fréquentaient l'adversaire de François Fillon : Emmanuel Macron et son entourage ? Certains acteurs de la campagne se demandent comment Brigitte Macron pouvait être informée juste avant le Trocadéro qu'il n'y aurait pas de plan B parce que François Fillon avait décidé de rester alors que la droite en était encore aux états d'âme du candidat. Plus que des paroles imprudemment distillées, il faut bien comprendre que les proches de François Fillon et d'Emmanuel Macron sont tous du même monde. Et si tous ne se fréquentent pas, leurs pédigrées sont similaires. Ainsi Antoine Gosset Grainville, ancien directeur de cabinet de François Fillon à Matignon, énarque, fils d'énarque. Ainsi Marc Ladreit de Lacharrière, pur produit de la noblesse d'État, énarque lui aussi. Ainsi le comte Henri de Castries, polytechnicien, ancien PDG d'Axa. Au-delà des spécificités liées à l'ancrage de François Fillon au sein de la bourgeoisie catholique, ne retrouve-t-on pas le même attelage banque-assurance-communication dans l'entourage d'Emmanuel Macron ? N'avons-nous pas assisté pendant cette campagne présidentielle à une représentation théâtrale où tous les personnages pouvaient jouer la même pièce ? Seul le titre changeait. « *Bienvenue dans le Nouveau Monde* » pour l'une tandis que l'autre espérait attirer avec « *Mérites de l'Ancien Monde* ».

La véritable histoire des costumes

François Fillon aurait-il pu avoir un autre destin que celui d'endosser le costume de président ? Oui, mannequin ! Sitôt battu à l'élection en mai 2017, il est contacté par une marque de prêt-à-porter pour homme. L'ancien Premier ministre est approché pour participer à une campagne de publicité. Rien de discret dans la démarche donc ! C'eut été une grande première si un homme politique avait osé une telle reconversion. François Fillon décline, mais il se gargarisera longtemps dans des dîners en ville de pouvoir devenir mannequin à défaut d'avoir été président. Mannequin officiel ! Car l'homme a été longtemps mannequin officieux comme d'autres politiques avant lui. Chez les femmes, Rachida Dati incarna le chic à la française. Mais la garde des Sceaux avait la fâcheuse tendance à oublier de rendre les vêtements de grands couturiers prêtés... Brigitte Macron est habillée par Vuitton comme Bernadette Chirac le fut par Dior. François Fillon, lui, fut souvent vêtu par la luxueuse marque pour homme Arnys du temps où elle appartenait aux deux frères Grimbert. Avant lui François Mitterrand, Valéry Giscard d'Estaing, Jack Lang, Laurent Fabius portèrent des vêtements mis à leur disposition. En 2012, l'institution Arnys tombe dans l'escarcelle du groupe LVMH détenu par le milliardaire Bernard Arnault. Fini le club de gentlemen où les frères Grimbert concèdent des prix défiant toute concurrence pour habiller certains politiques en représentation. Désormais avec LVMH, les clients doivent acquitter le véritable prix d'une prestation sur mesure. 6 000 euros le costume pour 70 h de travail, 3 rendez-vous et 6 à 8 semaines de réalisation. Ainsi, à partir de 2012, les hommes politiques comme François Fillon ou Pierre Moscovici sont heureux de trouver de généreux donateurs qui leur offrent des costumes... Sinon ils auraient dû les payer comptant ! Le socialiste Pierre Moscovici, ministre des Finances puis commissaire européen, épinglé par certains journaux, avoue qu'un « véritable ami » lui a offert au moins un costume. Notons la classification « véritable ami »... Ce type de cadeau est strictement encadré quand on est ministre ou élu de la nation. Mais personne n'a émis de critiques puisqu'il s'agissait d'un « véritable ami ». Alors que penser des façons de faire de François Fillon ?

Depuis 2012 et la mainmise de LVMH sur Arnys, l'homme dandy décontracté se serait fait offrir pour 48 500 euros de vêtements selon le *Journal du*

Dimanche[1], dont 35 500 en liquide. François Fillon a-t-il réglé lui-même ses vêtements en liquide ? Ce serait un délit dont il serait accusé. Et LVMH aussi ! Un paiement en liquide ne peut dépasser 1 000 euros sauf si quelques amis étrangers règlent la facture à la place du client[2]... Si François Fillon a réglé en liquide, était-ce avec de l'argent « secret » qui provenait de Matignon ? Les fonds secrets ont officiellement disparu en 2001. Mais un proche de François Fillon qui a travaillé à ses côtés à Matignon me confie que de l'argent peut circuler. « Ça dépend », me dit-il... Quand un ancien conseiller élyséen m'affirme que « oui, bien sûr, le Premier ministre a à sa disposition des liquidités ». François Fillon s'est-il servi de cet argent une fois les élections de 2012 perdues pour continuer à se vêtir dans la prestigieuse maison ? Pour payer en cash... Le mystère reste entier.

En 2016, en pleine campagne pour la primaire, François Fillon ne sait pas résister à la tentation. Mais la maison Arnys passée dans le giron de LVMH ne peut plus accepter de liquidités. Trois solutions se présentent s'il veut des costumes : François Fillon peut payer en carte bleu ou par chèque, avec débit sur son compte, mais cette solution pourtant

1. *Journal du Dimanche* du 12 mars 2017.

2. Le plafond pour le règlement en espèces est fixé à 1 000 euros en France et jusqu'à 15 000 euros si le domicile fiscal du payeur est à l'étranger.

évidente paraît trop simple. Deuxième solution : François Fillon peut payer et mettre ses dépenses sur son compte de campagne. Il pouvait faire passer une partie des costumes sur ses frais de représentation. Il ne l'a pas fait. Reste alors l'ingénieuse mais dangereuse troisième solution : trouver un « pigeon » qui puisse payer à sa place, sous couvert de lui offrir un cadeau. C'est cette option qu'il a choisie. Et officiellement le pigeon est l'avocat Robert Bourgi. Ce choix se révèlera dévastateur. Mais François Fillon ne s'est pas méfié d'un ami si encombrant. Sans doute n'a-t-il vu que son côté zélé à devancer tous ses désirs. Pourtant le candidat à la présidentielle a été mis en garde dès le lendemain de la primaire en décembre 2016. Bernard Debré, le député de Paris[1] qui travaille sur le programme pour l'Afrique lui demande de se tenir loin de Robert Bourgi. « Surtout pas d'interférence avec un homme si peu recommandable ! » François Fillon fait mine de connaître à peine le sulfureux avocat. Pourtant, en janvier 2016, les deux hommes déjeunent en tête à tête au restaurant le *Flandrin* dans le 16e arrondissement. Plus tard lors de l'affaire des costumes, Robert Bourgi se vantera d'avoir eu ses entrées à Matignon quand François Fillon était Premier ministre. En 2013, il signe un chèque de 7 500 euros au profit de Force Républicaine, l'association politique de François Fillon. Robert Bourgi

1. Entretien avec l'auteur, 27 juin 2018.

le bavard, décrit comme un mythomane capable d'entrer par la fenêtre avec échelle quand on lui ferme toutes les portes. Il confiera avoir été un porteur de valise pour Jacques Chirac, puis Dominique de Villepin. Incarnation de la Françafrique que l'on cache comme le sein que l'on ne veut plus voir, il avait des liens très forts avec l'ancien président du Gabon Omar Bongo. Il l'appelait « papa ». Fin janvier 2018, Robert Bourgi se lance dans une opération vérité douteuse dans deux documentaires consacrés à « l'affaire Fillon ». L'avocat confie[1] qu'il sait le candidat à la primaire amoureux des belles choses quand il lui propose de lui offrir trois costumes. Mais Robert Bourgi aurait déjà dans l'idée d'ourdir un complot contre François Fillon et il fait exprès de ne pas régler la facture au moment de la commande des costumes. Il fera un chèque deux mois plus tard, comme pour asséner un coup de grâce. S'en suivront les révélations dans le *Journal du Dimanche*[2], quand Robert Bourgi prend soin d'informer le journaliste Laurent Valdiguié. Mais quelque chose ne tourne pas rond dans la version de Robert Bourgi. Il y a d'abord plusieurs versions. L'avocat parle de trois costumes quand il en évoque deux en mars 2017. Il confie avoir monté un piège à François Fillon quand dans sa première mouture

1. Documentaire « Qui a tué François Fillon ? » diffusé sur BFM TV le 29 janvier 2018.

2. *Journal du Dimanche* du 12 mars 2017.

il parle d'une décision prise sur le tard pour se venger d'une déception amicale. À chaque interview il raconte une histoire différente. Mais à ce jour, a-t-il raconté la bonne ?

Revenons à la genèse de l'affaire. François Fillon ne dit pas non quand il s'agit de porter des costumes Arnys. Mais il ne veut pas régler la facture lui-même. Robert Bourgi sera l'intermédiaire. L'a-t-il fait sur sa cassette personnelle comme il le dit avec une intention de nuire ? Ou aurait-il reçu de l'argent d'un tiers ? Un homme pourrait être le grand argentier des costumes de François Fillon : Jean Ping, l'ancien candidat à l'élection présidentielle au Gabon.

Jean Ping aurait dû être le président de la République du Gabon. Ancien ministre d'État, ancien président de l'Assemblée Générale des Nations Unis, ancien Président de la commission de l'Union Africaine, il se présente à l'élection présidentielle en août 2016 face à Ali Bongo. Jean Ping est un métis afro-asiatique. Il a été le compagnon de Pascaline Bongo, la fille d'Omar Bongo, dont il a eu deux enfants. Ali Bongo est donc son beau-frère ! Scandale : celui qui est proclamé vainqueur par la Cour constitutionnelle gabonaise est Ali Bongo alors que le scrutin est entaché de fraudes massives. Les anomalies dans le déroulement de l'élection sont dénoncées par la communauté internationale. Jean Ping n'a jamais renoncé à son ambition. Il considère qu'on lui a volé l'élection. Sur son compte Twitter il se présente toujours comme : « Président du Gabon élu à la présidentielle du 27 août 2016 ».

Robert Bourgi soutient Jean Ping contre Ali Bongo dans la course à la présidence. Avant l'élection présidentielle gabonaise, l'avocat a perdu de sa superbe auprès du fils et successeur d'Omar Bongo. Il est rejeté par Ali. Il mise sur l'élection de Jean Ping en se disant qu'il soutient le futur président du Gabon. Même démarche en France où il choisit François Fillon qu'il imagine déjà à l'Élysée. Quand Jean Ping perd l'élection présidentielle gabonaise, Robert Bourgi a encore un tour dans son sac. Il parie sur l'élection de François Fillon qui pourra aider Jean Ping lors de prochaines échéances électorales gabonaise. Ce dernier aurait eu tout intérêt à jouer les généreux donateurs pour François Fillon. Jean Ping espère et désire plus que tout être un jour le président du Gabon. Il aura besoin pour y arriver du soutien du président français. C'est en tout cas la thèse officielle qui circule à Libreville.

Au début de l'été 2016, Robert Bourgi joue les entremetteurs entre Jean Ping et François Fillon. Les trois hommes déjeunent ensemble au Grand Hôtel de Solesmes dans la Sarthe près du manoir de Beaucé du candidat à la primaire. Robert Bourgi s'imagine faiseur de roi au Gabon et en France. Quoi de plus simple que de faire assaut d'amabilité ? A-t-il suggéré à Jean Ping, après la rencontre, de faire plaisir à François Fillon qui aime les beaux costumes ? Les deux hommes attendent sa consécration à la primaire. Un cadeau oui, mais autant être sûr qu'il soit pour un futur Président de la République ! Neuf jours après la victoire, début décembre 2016, Robert Bourgi commande des vêtements sur mesure pour le candidat qu'il imagine à l'Élysée. Deux mois plus tard il règle les costumes en signant un chèque de 13 000 euros. François Fillon accepte le cadeau. Il ne voit pas le mal. Pas une seconde il n'imagine devoir dans sa position, et dans une campagne, rendre des comptes aux Français à qui dans son programme il demande de se serrer la ceinture.

Et que dire des 35 500 euros d'emplettes de luxe réglées en cash depuis 2012 ? Pour ce prix : trois vestes forestières, un blazer, deux pantalons et deux pulls en cachemire. Tous ces faits traduisent une réalité : François Fillon ne voulait pas payer sa garde-robe chez Arnys. Était-il à ce point radin ?

François Fillon ne voit pas non plus le mal avec Robert Bourgi. Pourtant les relations deviennent vite orageuses avec l'homme au tempérament ingérable. Robert Bourgi dit souffrir de ne pas être pris au téléphone pendant quatre mois, juste après avoir commandé les costumes. L'objet supplémentaire de son courroux : découvrir dans *Jeune Afrique*[1] une interview de Bernard Debré, ancien ministre de la coopération, déclarant que l'avocat ne jouait aucun rôle dans la campagne de François Fillon. Robert Bourgi demande alors à François Fillon de démentir

1. *Jeune Afrique*, 1er mars 2017.

les propos du député de Paris, ce qu'il n'a jamais fait. L'avocat se plaindra aussi de n'avoir jamais été invité au manoir de Beaucé malgré toute la sollicitude déployée. Entrer dans la vie de François Fillon, oui, mais dans son intimité jalousement préservée, non.

On aurait dû se méfier…
Du symbole de la veste de Brégançon…

« François Fillon est devant ses vestes comme le chat devant une souris ! » L'image m'est confiée par Jean de Boishue bien déçu de constater qu'il n'a jamais été capable de réprimer ses désirs. Quand on veut devenir président de la République on commence par corriger ses faiblesses ! François Fillon a toujours fait de ses désirs son étendard en politique. À Matignon ça lui a réussi. Souvenez-vous… Sa veste forestière au Fort de Brégançon dans le Var fin août 2010. Nicolas Sarkozy et les membres du gouvernement sont habillés en costume cravate protocolaire. François Fillon surprend avec sa tenue de chez Arnys, col mao, couleur bleu indigo. Une allure chic décontractée dont la couleur fleure bon avec l'appel du large. Et s'il fallait interpréter la tenue comme le signe de son départ de Matignon ? À l'époque l'Élysée prévoit un remaniement à l'automne. Paris bruisse de rumeurs. Jean-Louis Borloo tient la corde pour succéder à François Fillon. Le ministre de l'Écologie fait beaucoup d'effort pour gommer son côté « gainsbourien » : les cheveux sont domptés, peignés, l'homme est mieux fagoté. Mais cela ne suffira pas à rassurer Nicolas Sarkozy qui accorde beaucoup d'importance au physique des membres de son gouvernement. François Fillon restera Premier Ministre, certes, et il ne le devra pas qu'à sa veste forestière bien sûr, mais le message envoyé au Fort de Brégançon est subliminal. Il s'affirme en paradant devant les photographes avec une veste à 8 000 euros. Ce n'est pas en soi un crime sauf si cet obscur objet de désir devient objet de perdition.

Que se passe-t-il dans la tête de François Fillon quand le 22 mars 2017 il harcèle de coups de fil Robert Bourgi alors qu'il est à la veille de sa grande émission politique sur France 2, à un mois du premier tour de la présidentielle ? Il passe même par la femme de ce dernier pour être certain de lui parler. Il veut pouvoir annoncer en direct à la télévision qu'il a rendu les costumes offerts[1]. La scène est surréaliste ! François Fillon se met en état de faiblesse absolue devant Robert Bourgi. Et comble de l'absurdité il s'engage à rendre des costumes qui ont été taillés sur mesure ! Qui va en faire quoi ? *Mediapart* ira jusqu'à écrire, qu'en plus, il n'a pas rendu les bons costumes

1. Scène racontée dans *Déflagration, dans le secret d'une élection impossible*, Patrick Stefanini avec Carole Barjon, Robert Laffont, 2017.

et les plus chers. Quoi qu'il en soit, François Fillon s'est montré bien trop déstabilisé par son histoire de costumes pendant la présidentielle. Comment être efficace dans une campagne quand on est parasité à ce point par une affaire qui n'a rien à voir avec le débat politique ? Toutes les personnes rencontrées pour cet ouvrage n'ont pas de mots pour commenter les révélations sur les costumes. « Tant d'imprudence, c'est incompréhensible », sauf si le candidat voulait bien entrer à l'Élysée mais sans renoncer à rien et surtout pas à sa légèreté.

« Un ami m'a offert des costumes et alors ? Ça n'a rien à voir avec la politique ! » s'exclame François Fillon quand le *Journal du Dimanche* révèle l'affaire. Il concède ensuite une erreur de jugement. Est-il réellement tombé dans un piège tendu par Robert Bourgi ? Est-il indirectement redevable à Jean Ping ? L'écrivain Denis Tillinac confia un jour à Nicolas Sarkozy à propos de celui qui était son Premier ministre : « C'est un homme effrayé par ses contradictions et ses désirs ». Le plus sidérant dans cette histoire abracadabrantesque est que François Fillon est tombé dans un piège qu'il a lui-même façonné. Cerise sur le gâteau : pas une seconde il ne pense que, quand on veut devenir président de la République, tout est politique !

Conclusion : « Je ne vous demande pas de m'aimer… »

> Je refuse d'un cœur la vaste complaisance
> Qui ne fait de mérite aucune différence ;
> Je veux qu'on me distingue ; et, pour le trancher net,
> L'ami du genre humain n'est point du tout mon fait.
>
> Molière, *Le Misanthrope*, Acte 1, scène 1.

Dans toute démocratie, il est toujours possible de déstabiliser un adversaire politique. François Fillon a été facilement mis en difficulté par les révélations du *Canard Enchaîné* et l'ouverture en moins de 24 h de l'enquête préliminaire par le parquet national financier. Son exécution par la justice pose question. Il est blâmable qu'une enquête sensible à quelques semaines d'une élection présidentielle soit menée sur des bases juridiques faibles dans un contexte de fuites permanentes. Mais si François Fillon avait eu furieusement envie d'être président de la République, n'aurait-il pas dû témoigner d'une hargne féroce pour se défendre ? Organiser immédiatement une riposte énergique en clamant haut et fort qu'il n'était pas le seul à faire travailler sa femme et ses enfants au parlement ? À défaut de cela, nous avons eu un candidat qui ne combat pas, qui ne pense pas une seconde qu'il puisse être mis en examen parce que ce n'est jamais arrivé à un présidentiable. Pas de réflexe de bête politique. Il suit aveuglement les conseils de ses avocats. Et il se défend très mal ! Il se replie sur lui, ne mène pas ses hommes sur le champ de bataille. Il fit preuve d'une résistance hors du commun certes, mais ce fut pour ne plus jamais être relégué au rang de celui qui n'était pas à la hauteur des enjeux. La clef du mystère François Fillon : cette blessure narcissique jamais pansée de ne pas être considéré par les grands fauves de la politique. Il en résultera une forte misanthropie sous une réserve et une timidité naturelles. Le discours de vérité de François Fillon pour redresser la France reposait d'ailleurs sur l'idée de ne pas avoir peur de déplaire. Pendant la campagne présidentielle, il aura ce cri du cœur durant l'un de ses derniers meetings : « Je ne vous demande pas de m'aimer mais d'élire un président ». Peut-on choisir un président qui n'est bien qu'avec lui-même et qui n'aime pas les autres ? Difficile de vouloir devenir le roi d'un royaume sans chérir ses sujets. Difficile de régner sans amis et alliés politiques. Un roi sans cour est sans couronne.

François Fillon dira être « entré en politique par hasard », grâce au député puis ministre Joël Le Theule. Il a aimé la politique. Et sa vie politique fut belle ! Près de quarante années de vie parlementaire et ministérielle, sans grande difficulté pour se faire élire. Pas de victoire à la hussarde. Il n'aime pas le combat qui est pourtant le corollaire d'une vie d'élu. Alors quand il faut se retrousser les manches après son éclatante victoire à la primaire pour réunir la famille de la droite et retravailler le projet politique, il préfère s'échapper à Val d'Isère sur les pistes de ski. Vouloir devenir président, oui, mais pas à n'importe quel prix ! Pas en renonçant à sa zone de confort.

Quel curieux animal politique que François Fillon ! Quand Valéry Giscard d'Estaing perd la présidence de la République en 1981, alors qu'il a été chef d'État, il s'échine à conquérir la présidence du conseil régional d'Auvergne, puis la présidence de l'UDF. Il sera ensuite député européen. Nicolas Sarkozy et Alain Juppé ont aussi fait preuve d'une combativité sans faille pour revenir et rester dans la vie politique. La guerre sans merci pendant la primaire de la droite en témoigne. Et à gauche, ne voyons-nous pas poindre les ambitions de François Hollande pour tenter de revenir à l'Élysée en 2022 ? François Fillon, lui, a coupé net avec la politique. Dès le lendemain de l'élection présidentielle, sa vie était déjà ailleurs, comme du reste elle l'a toujours été. Christophe Billan, l'ancien président de Sens

Commun, l'a croisé trois jours après la défaite. Il a été frappé par le peu d'impact du désastre de la droite (éliminée au premier tour !) sur son visage. « Il était passé à autre chose. Aucune amertume. Pas de chaos intérieur. Sa grande force : cloisonner les moments de sa vie[1]. » Une telle résilience est impressionnante ! Où est passé le combattant balafré de la campagne ? Comment ne pas être brisé par une élimination qui signe le Waterloo de la droite alors que le soleil d'Austerlitz avait brillé lors de la primaire en novembre ? Et que penser de son attitude le soir de sa défaite à l'élection présidentielle ? Impassible, il appelle d'emblée à voter pour Emmanuel Macron parce que, dit il, il ne peut pas voter pour Marine Le Pen. Les militants réunis au QG de campagne seront déstabilisés de voir une page se tourner si vite sans explications. Les collaborateurs du candidat seront déconcertés par un visage où n'affleure aucune émotion si ce n'est un imperceptible soulagement. Dans son bureau, François Fillon échange discrètement quelques mots avec Henri de Castries. Pas une parole pour ceux qui sont pourtant restés ses derniers fidèles. Ainsi s'achève lugubrement la bataille présidentielle pour les Républicains au soir du premier tour. Depuis la droite est désarticulée. Les juppéistes ont prêté allégeance à Emmanuel Macron, les autres à Laurent Wauquiez, mais le peuple de droite est orphelin d'une incarnation conservatrice et libérale.

1. Entretien avec l'auteur, 25 mai 2018.

François Fillon s'en est allé, sans se retourner ! Le lien avec la politique n'était pas ombilical. Il ne fréquente plus d'élus ou si peu. Il ne parle plus de politique ou si peu. Il lui arrive même de trouver quelques qualités à Emmanuel Macron. Il a jugé admirable l'éloge funèbre rendu au colonel Arnaud Beltrame dans la cour des Invalides. En décembre 2017, dans le plus grand secret, retour à Matignon. Juste pour accepter une visite très protocolaire de la part d'Édouard Philippe. Ses amis et soutiens politiques ne le voient plus. Seul Bruno Retailleau à qui François Fillon a transmis le flambeau de son mouvement Force Républicaine entretient une relation distante mais suivie avec l'ancien candidat.

Loin de la sueur, du sang et des larmes de l'arène présidentielle, François Fillon, homme du monde, fréquente des gens qui lui ressemblent. Les bienveillants Henri de Castries, Arnaud de Montlaur, Antoine Gosset-Grainville. Le week-end qui suivit l'entrée d'Emmanuel Macron à l'Élysée, il se console de sa défaite loin de Paris. Henri de Castries organise une partie de chasse au chevreuil quelque part au Royaume-Uni. Antoine Gosset-Grainville et son épouse sont du voyage. À défaut d'être roi, François Fillon est traité comme le duc d'Anjou ! Il ne regarde pas la passation de pouvoir. Mais quand il rentrera à Paris, il jettera un œil sur Emmanuel Macron remontant les Champs Élysées et passant les troupes en revue. « Peut-on faire tout cela avec une mise en examen ? », confie-t-il à un intime. L'ancien Premier ministre semble enfin comprendre l'incongruité de sa situation.

Depuis, François Fillon savoure de n'avoir de compte à rendre à personne et surtout pas aux Français. Il fait du motocross avec son ami Arnaud de Montlaur dans les forêts de la Sarthe le week-end. Il fréquente de riches gentlemen's drivers et pilotes émérites sur le circuit du Mans pour la course du Mans Classic en juillet 2018. Plus tôt, fin juin, il vibre au retour de la Formule 1 sur le circuit du Castellet. Il s'épanouit en tant que président de la section constructeur à la Fédération Internationale de l'Automobile. Sur les circuits, il est apprécié et respecté. La vitesse et l'ivresse, le contrôle de cette vitesse et la maîtrise des courbes. Et cette liberté grisante d'enfin s'échapper avec lui-même. Parfois se prend-il pour Jacky Ickx qu'il admire tant ? Le pilote de course parti dernier et arrivé premier aux 24 Heures du Mans en 1969. La primaire de la droite aura été la grande course remportée par François Fillon dans sa vie politique. Mais ensuite la tentation de Val d'Isère, le repli, les imprudences, les mains qui n'ont pas été tendues… François Fillon répugnait de mener l'ultime combat pour entrer à l'Élysée.

François Fillon nous a emmenés chaque soir au théâtre pendant la campagne présidentielle. Nous avons assisté à une tragédie. Le candidat qui a la réputation d'être rusé se comporte en héros impuissant. Penelope a le regard dur et hagard face aux calamités. Le candidat qui chérit tant sa solitude s'entoure d'avocats et d'experts en sauvetage. Et la droite part dans le mur, perdue face à la complexité du candidat. Une anecdote résume toute l'étendue du naufrage : en mars 2017, *Le Figaro* sollicite l'écrivain Jean d'Ormesson pour écrire un article sur le candidat à la présidentielle. Mais l'académicien est déprimé. Il n'est pas inspiré. Il appelle un ami filloniste resté vaillant en rase campagne. Rencontre au domicile de Jean d'Ormesson. « C'est épouvantable. Je n'ai pas envie de dire du bien de François Fillon ! Le candidat est tellement décevant ! Un projet pour la France, oui, mais pas en se faisant payer des costumes à 13 000 euros ! Qui plus est par un homme aussi peu recommandable que Robert Bourgi ! Vous le soutenez toujours vous ? » L'ami filloniste, tout autant accablé par l'avalanche de révélations, eut l'argument qui fit mouche. « Jean, il reste 35 jours avant le premier tour. On n'abandonne pas le capitaine dans la bataille même si elle évoque déjà la Berezina. Après viendra l'heure des comptes. Jean, il faut rester vaillant au nom d'une certaine idée de la France ! » L'écrivain reprendra du poil de la bête. Le mardi 4 avril 2017, dans les pages Champs Libres du *Figaro*, il écrira un subtil billet pour remettre les enjeux de la présidentielle en perspective. Le titre : « Toujours l'inattendu arrive ». « Fillon a un socle. Un socle ébréché, mais un socle tout de même. Macron n'a pas de socle. Il vit de la chute des autres. » Le candidat de la droite n'est pas pour autant brossé dans le sens du poil. Jean d'Ormesson, toujours déçu, assurera encore le service après-vente de la fillonie dans le *Figaro Magazine* le week-end du premier tour de la présidentielle. Photo de couverture de l'hebdomadaire avec François Fillon. Au nom d'une certaine idée de la France…

Jean d'Ormesson désarmé face à la part d'ombre de François Fillon comme le furent presque tous les acteurs de la campagne. Bien sûr, l'homme est aimable pour ses amis. Il a de la densité, de la profondeur, de l'humour, une distance saine pour analyser et juger une situation. Il est aussi pétri de convictions. Son programme se voulait courageux pour redresser la France. Mais quand il remporte la primaire c'est comme s'il avait gagné à l'Euromillion ! Au fond de lui, il ne pensait pas réussir à vaincre Nicolas Sarkozy et Alain Juppé. Et voilà le jackpot avec un gain d'électeurs au-delà de ses espérances ! Le soir du 27 novembre 2016, il est, dans sa tête, président de la République. C'est fait. Pas besoin de batailler ! L'Élysée arrive sur un plateau d'argent, comme dans un rêve. Et François Fillon ne saura pas gérer sa bonne fortune. Pendant ce temps-là, un hold-up est organisé par des énarques braqueurs, emmenés par Emmanuel Macron. Rien n'est laissé au hasard. Ils ont pensé à tout. Selon l'expression de l'un d'eux, ce sera « le casse du siècle » ou l'art de rafler la mise.

Remerciements

Merci à François d'Aubert, Philippe Bas, Christophe Billan, Jean de Boishue, Jean-François Copé, Bernard Debré, Georges Fenech, Henri Guaino, Arnaud de Montlaur, Thierry Solère, Patrick Stefanini et Guillaume Tabard pour leurs éclairages et leurs confidences.

Merci à tous les autres rencontrés après des interviews politiques et qui m'ont donné de précieuses indications sans toujours savoir qu'elles nourriraient cet ouvrage.

Bibliographie

Carole Barjon et Bruno Jeudy, *Le coup monté*, Plon, 2013

Jean de Boishue, *Anti-secrets*, Plon, 2015

Sylvie Bommel, *Penelope*, JC Lattès, 2017

Michel Crépu, *Un empêchement*, Gallimard, 2018

Gérald Darmanin, *Chroniques de l'ancien monde, Quand la droite s'est perdue*, Éditions de l'Observatoire, 2017

Bernard Debré, *Un homme d'action*, Stock, 2015

Georges Fenech, « *Qui imagine le Général de Gaulle mis en examen* ? », Éditions First, 2017

François Fillon, *La France peut supporter la vérité*, Albin Michel, 2006

François Fillon, *Faire*, Albin Michel, 2015

François Fillon, *Vaincre le totalitarisme islamique*, Albin Michel, 2016

Matthieu Goar et Alexandre Lemarié, *François Fillon, les coulisses d'une défaite*, L'Archipel, 2017

Christine Kelly, *François Fillon, coulisses d'une ascension*, L'Archipel, 2017

Jean-Yves Le Borgne, *Changer la justice*, Presse Universitaire de France, 2017

Hervé Lehman, *Le procès Fillon*, Les éditions du Cerf, 2018

Corinne Lepage, *Les mains propres, plaidoyer pour la société civile au pouvoir*, Éditions Autrement, 2015

Frédéric Mitterrand, *La Récréation*, Robert Laffont, 2014

Arnaud de Montlaur, *Comme une corde brisée*, Amazon, 2017

Olivia Recasens, Didier Hassoux et Christophe Labbé, *Bienvenue place Beauvau, Police : les secrets inavouables d'un quinquennat*, Robert Laffont, 2017

Patrick Stefanini avec Carole Barjon, *Déflagration, dans le secret d'une élection impossible*, Robert Laffont, 2017

Table

Complots ?

ACHEVÉ D'IMPRIMER EN DECEMBRE 2018 CHEZ CORLET IMPRIMEUR
DÉPÔT LÉGAL : DECEMBRE 2018. N° D'IMPRESSION : 201656
Imprimé en France